NPOのための
マーケティング講座

長浜洋二

学芸出版社

まえがき

　1998年に特定非営利活動促進法（NPO法）が成立・施行されてから早15年。今ではテレビや新聞、インターネットなどでNPOの活動を見たり聞いたりしない日はないくらい、NPOの存在は日本社会に浸透してきたといえるでしょう。実際に、NPOの認証数も2014年4月30日現在で4万9042法人となり、学生の就職先や社会人の転職先としてNPOが候補に挙げられたり、行政とNPOとの協働や企業によるCSRとNPOの連携が一般的になるなど、NPOの存在は私たちの生活の中で身近なものになってきました。

　特に近年では、2010年、民主党政権による「新しい公共」とその派生事業では、バラマキという批判はあれど、予算額87.5億円が投じられることになりました。また、2011年6月には新寄付税制と改正NPO法も成立。寄付税制については、欧米諸国と比較しても遜色ない税制優遇が実現するなど、NPOの活動を支える法制度面は充実したものになっています。

　その一方で、社会課題解決の担い手として期待されたNPO自身はどのように変わってきたのでしょうか？　法制度は整備されたものの、肝心のNPOに社会課題を解決できるような力はついてきているのでしょうか？

　個々のNPOに目を向けると、解決するべき社会課題の実態把握、明確な目的や目標の設定、課題解決に向けた事業の企画立案、事業展開のマイルストーンの策定、実施した事業の効果測定と改善サイクルの確立など、組織運営に必要な基本的実務が実践できていない状況が多々見られます。NPOの活動自体は尊く、社会にとって悪いものではないため、誰からもこういう状況を咎められることのないままNPOセクターは存在し続けてきたように感じます。見方を変えれば、NPO自ら成長の機会を閉ざしてきたということです。

結果としてこの15年間、もちろんNPOだけの責任ではありませんが、メディアでは毎日のように新たな社会課題が報じられ、社会課題は解決に向かうどころかこれまで以上に増加していると感じている人も多くいるのではないでしょうか。

　社会課題の解決において、NPOを取り巻く法制度の整備は必要条件であって十分条件ではありません。活動の主体であるNPOが真に社会を変革するだけの力を身につけない限り、社会の課題は未解決のまま残り続けていくどころか、今後ますます増えていくことになります。NPOは社会から期待されている成果を出さないと社会的な信頼を失いかねない状況にあるといっても過言ではないでしょう。

　本書は、NPOが身につけるべき力の1つである「マーケティング」について取り上げています。企業セクターで実践されているマーケティングの手法や事例を踏まえ、社会変革の担い手であるNPOが知識として身に付け、実行するべきマーケティングの基本的な考え方や実務について、具体的なNPOの事例を紹介しながら分かりやすく解説しています。

　主たる対象となる読者はNPOやNGOに関わる方々ですが、社会起業家やソーシャル・エンタープライズ、地域の市民活動センターやNPOサポートセンターなどの中間支援組織、助成財団や行政関係者など広く非営利セクターに従事する方々に加え、NPOでのマーケティングに興味のある企業セクターの方々も対象とした内容となっています。

　社会を変えるために、自らを変える。

　社会を変えるためには、まず、その担い手であるNPO自身が変わらなければなりません。本書が、社会変革を目指すNPOをはじめ、広く非営利セクターで活躍する方々の一助になれば幸いです。

contents

まえがき 3

1 入門篇　9

第1講　NPOのマーケティング……10

1 | NPOマーケティングの定義　10
2 | NPOの活動タイプの分類　11
3 | NPOにマーケティングが必要な理由　12
4 | NPOマーケティングの対象　18
5 | NPOセクターにおけるマーケティングの独自性　23
6 | NPOマーケティングの"5C"　25
7 | NPOマーケティングの実施プロセス　27

　　column 1 ▶ 『Giving USA 2014』にみる米国の寄付実態　31

2 事前準備篇　33

第2講　環境分析……34

1 | 情報収集　35
2 | 環境分析の構造　37
3 | ステークホルダーの見極め　47
4 | 環境分析を行う際の留意点　48

第3講　ターゲット設定 …………………………………………………51

1｜ターゲットを設定する理由　52
2｜ターゲットを設定する対象　53
3｜セグメンテーション　54
4｜ターゲティング　58
5｜ペルソナの設定　63
6｜顧客情報の収集　65

第4講　ポジショニング ……………………………………………………68

1｜ポジショニング戦略の構築　68
2｜差別化　75

column 2 ▶ ファンドレイザーの報酬ランキング　77

3　企画・立案篇　79

第5講　価値（Customer Value） ………………………………………80

1｜受益者にとっての価値　80
2｜支援者にとっての価値　88

第6講　コスト（Cost） …………………………………………………97

1｜受益者・支援者に対するコストの全体像　97
2｜価格設定の考え方　104

第7講　利便性（Convenience） ……………………111

1 ｜ 製品提供における流通チャネルの構築　111
2 ｜ サービス提供における利便性の拡大　117
3 ｜ 問い合わせ・申し込み・支払い方法の拡充　123
4 ｜ 支援の場所とタイミング　127

第8講　コミュニケーション（Communication） …………133

1 ｜ コミュニケーションの目的　134
2 ｜ コミュニケーション・ミックス　135
3 ｜ メディアの選定　141
4 ｜ 制作物の開発　142
5 ｜ 支援者に対するコミュニケーション戦略　145

第9講　快適さ（Comfort） ……………………………………151

1 ｜ サービス提供における人のマネジメント　152
2 ｜ サービス提供における物的環境の整備　159
3 ｜ サービス提供プロセスの設計　160

column 3 ▶ 支援者基盤強化サイト「GrowYourBase」　163

4　実行・管理篇　　165

第10講　マーケティング管理 ……………………………………166
1｜マーケティングの目的・目標・指標の設定　166
2｜マーケティングの評価　173
3｜マーケティング施策の実績管理　176
4｜マーケティング計画　179

第11講　マーケティング実行・改善 …………………………182
1｜PDCAサイクルの重要性　182
2｜事例：エイズ孤児支援NGO・PLAS「個人寄付の拡大」　183

　　column 4 ▶ 米国における子どもの寄付　192

あとがき　194

NPOマーケティングで社会を変える！『草莽塾』　196

1
入門篇

　本篇では、NPOにおけるマーケティングの特徴を企業との比較を踏まえながら解説していきます。次篇以降で詳述するマーケティングの実践フェーズの前提となるため、しっかりと理解するようにしましょう。

　第1講は、NPOマーケティングの定義からはじまり、NPOの活動タイプの整理、NPOにマーケティングが必要な理由、マーケティングの対象や独自性、そして、NPOマーケティングの核を成す"5C"と実施プロセスなど、NPOマーケティングの特徴について詳述します。

第1講
NPOのマーケティング

　NPOにおけるマーケティングの基本的な考え方や実務は企業のそれと大きく変わるものではありませんが、NPOセクター独自の仕組みや制度、慣習、歴史などが存在しているため、企業のマーケティングをそのままNPOに持ち込むのではなく、NPOの特徴を考慮に入れたマーケティングを実践しなければなりません。

1 │ NPOマーケティングの定義

　一般的に、マーケティングは営利を追求する企業のための考え方や実務のように捉えられがちですが、NPOにとっても不可欠なものです。企業であれ、行政であれ、そしてNPOであれ、組織として何らかの存在目的と達成すべき具体的な目標を持つ以上、人、モノ、金、情報、時間という経営リソースを適切に配分・投下しながら、それら目的や目標を達成しなければなりません。マーケティングとは、この目的や目標を達成する、つまり"成果"を出すための実務であり、NPOも企業と同じように日々の活動の中でしっかりとマーケティングを実践していく必要があります。

　企業セクターにおけるマーケティングの定義として、「売れる仕組みづくり」と言われることがあります。"売れる仕組み"というように、半ば強引な営業行為により"売る"もしくは"売りつける"のではなく、潜在的な顧客が自然と買う気になる、つまり自然と"売れる"ような状況（仕組み）を作り出すことがポイントです。

　また、"仕組み"という言葉があらわすように、製品開発やリサーチ、営

業など個々の業務を指すのではありません。マーケティングとは、研究開発、製品やサービスの企画、マーケット・リサーチ、原材料の購買・調達、製造・生産、デザイン、価格設定、広告宣伝、プロモーション、営業、物流、在庫、アフターサポートなど、広範な業務分野をカバーするものであり、経営そのものといってもよいでしょう。特にNPOでは、慢性的に経営リソースが不足している状況にあるため、組織全体の業務を"仕組み"として俯瞰した上で、個々の業務の工程や関連性を考え、可能な限り標準化し、属人性を排除していかなければなりません。NPOにありがちなのが、強力なリーダーシップを持った代表者が全てを決定し、全ての作業をこなすというケースですが、団体スタッフや、場合によってはボランティアやインターンでも作業できるような仕組みを構築する必要があります。

　これらのことを踏まえ、NPOにおけるマーケティングは、「社会に対する新しい価値の提供や社会課題の解決のための仕組みづくり」と定義することができるでしょう。

2 ｜ NPOの活動タイプの分類

　NPOの分類としては大きく、社会に対して新しい価値を提供する「価値提供型」と社会に存在する課題を解決する「課題解決型」の2つに分類することができます。分かりやすくいうと、価値提供型はゼロをプラスにする活動、課題解決型はマイナスをゼロにする活動と言い換えることができるでしょう。

　価値提供型NPOは、まちおこしの一環として地域の特産品を開発して提供するようなケースや、地産地消をテーマとした有機野菜の販売、スポーツや文化芸術関連の活動など、事業を通して新しい価値や便益、体験、歓び、感動、問題の解決、苦痛の軽減、機能、便利さなどを提供することで、受益者がより充実した、快適な生活を送れるようになることを目的としています。一般的には、事業収入を中心としたNPOが多く、活動の成果

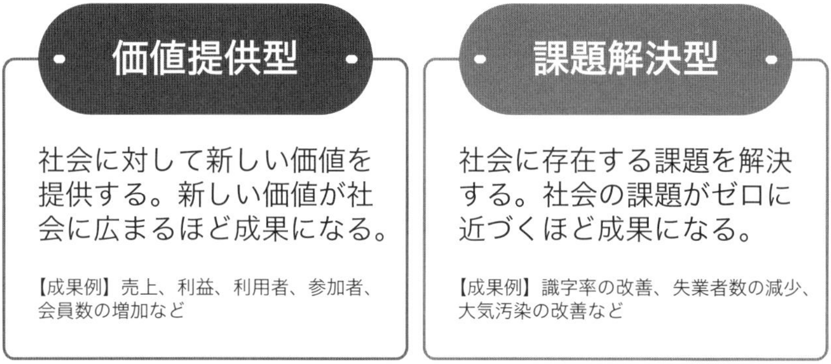

価値提供型

社会に対して新しい価値を提供する。新しい価値が社会に広まるほど成果になる。

【成果例】売上、利益、利用者、参加者、会員数の増加など

課題解決型

社会に存在する課題を解決する。社会の課題がゼロに近づくほど成果になる。

【成果例】識字率の改善、失業者数の減少、大気汚染の改善など

図表 1・1　NPO の活動タイプの分類

や目標も、企業と同様に売上や利益、利用者数の増加など比較的分かりやすいものが設定されます。

　一方、課題解決型 NPO は、国際協力、環境問題、ホームレス支援、自殺防止など、社会に存在する様々な課題の解決を目的とし、開発途上国における識字率（文字が読める率）の改善、大気汚染の状態の改善、就職者数の拡大、電話相談件数など、潜在的・顕在的な社会課題をどのような時間軸でどの程度、改善・解決していくのかを具体的な成果として設定することになります。課題解決型 NPO では、受益者が社会的な弱者であったり、受益者が広範で曖昧であることが多いため、受益者から直接、金銭的対価を得られないケースがあり、寄付金や会費、助成金などの資金集めが必要となります。

　NPO におけるマーケティングを実践する際には、自団体がこれらのタイプのどちら（もしくは両方）に該当するのかを認識した上で、適切なマーケティング施策を実行していきます。

3 ｜ NPO にマーケティングが必要な理由

　NPO にマーケティングが必要な理由は、個々の事業における目的や目標を達成し、究極的にはミッションを達成するためですが、マーケティング

がこれまで以上に求められるようになった社会的背景として、以下の3点が挙げられます。

1 NPOに求められているのは成果

　支援者が寄付金や会費、ボランティアなどによりNPOを支援する理由は、NPOが社会に対して新しい価値を提供したり、社会課題を解決するような活動を行っているからです。NPOの存在意義そのものといってもよいでしょう。当然のことながら、NPO側からすると、活動を継続的に支援してもらうためには、支援者に対して成果を出さなければなりません。このことは、消費者が企業の製品やサービスを購入した際に、期待した以上の便益や機能のレベルを満たさなければ、その製品やサービスを購入し続けてもらえないのと同じことです。

　NPOセクターでは、これまでは「社会に良いことをしている」ということが半ば言い訳になり、「成果を出してなんぼ」という発想が乏しかったといっても過言ではないでしょう。活動することが尊いのではなく、その活動の先にある成果を出すことが尊いということをあらためて認識するべきです。

　それでは、そもそも成果とは何でしょうか？　成果とは、あるべき姿や理想的な状態を実現することですが、現在、その理想的な状態に対してどこにいるのかという現状認識ができていることが大前提です。大半のNPOでは、このような目指すべき到達点と現在地点の両方を把握しないまま、なんとなく活動を継続しているのではないでしょうか。今ある社会環境が良くないことを感覚的に認識してはいるものの、どのくらい良くないのか、その状態が続くとどうなるのか、なぜそういう状態になったのかといったことを正確に把握し、どのようなやり方でその状態を改善・解決できるのかといったことを理解し、社会に明確に伝えられていません。

　NPOは成果を出さなければならないということは何も今に始まったことではありませんが、例えば、内閣府が2013年6月に実施した「NPO法

人に関する世論調査」では、NPO に寄附をする際に重視する点として、「目的や活動内容が共感できる」(69.0%)に次いで、「寄附金が有効に使ってもらえる」(47.7%)、「活動の成果をあげている」(36.3%)が上位に挙げられています。また、同じく内閣府が実施した「平成 25 年度 市民の社会貢献に関する実態調査」では、寄附を行う場合に必要と考える情報は、「寄附金による活動内容や成果」(92.2%)が最も高く、支援を行う側にとって、寄附金がどのように活用され、どのような成果が導かれるのかについての関心が高いことが窺えます。

NPO は、こうした社会からの期待や要望をキャッチし、日々、成果を意識した活動を行っていかなければなりません。

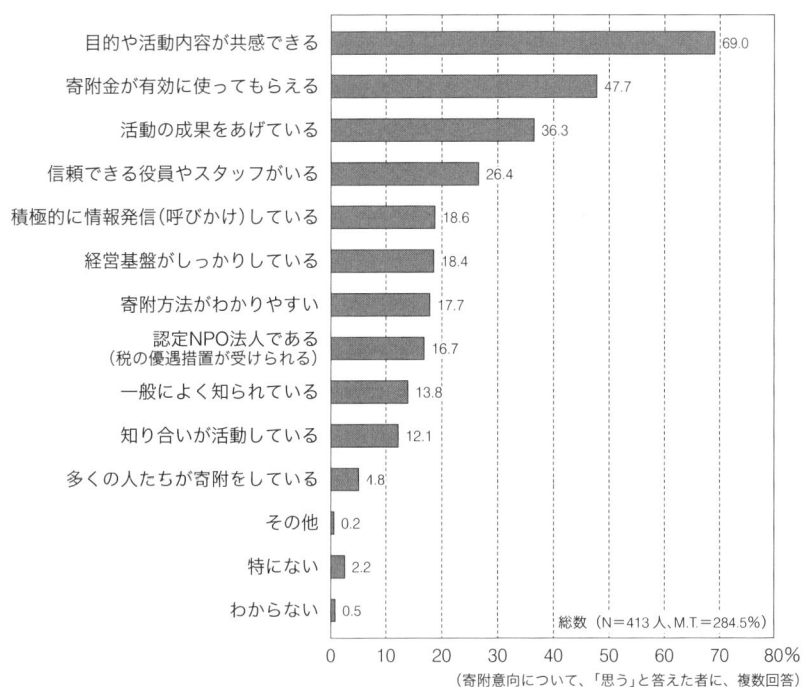

図表 1・2　寄附をする際に重視する点 (出典：内閣府「NPO 法人に関する世論調査」http://www8.cao.go.jp/survey/h25/h25-npo/zh/z14.html)

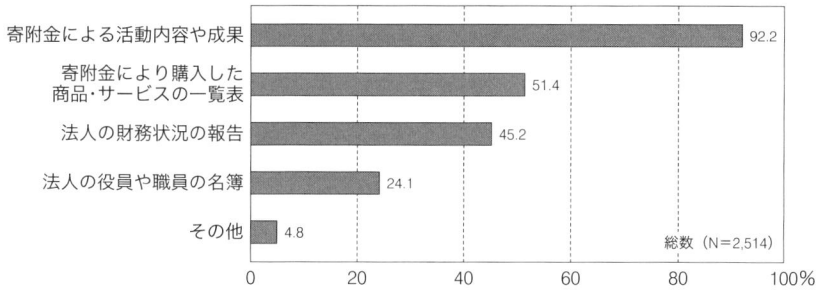

図表 1・3　NPO 法人（認定・仮認定含む）の情報公開　（出典：内閣府「平成 25 年度 市民の社会貢献に関する実態調査」https://www.npo-homepage.go.jp/pdf/h25_shimin_chousa_all.pdf）

2 活動の起点におけるニーズとシーズの見極め

　マーケティングのコンセプトを表す考え方として、顧客のニーズに合わせた製品やサービスを提供するという「ニーズ志向」と、独自の技術や原材料、アイデアなどを基に企業側が作りたいと思う製品やサービスを提供する「シーズ志向」があります。分かりやすくいうと、顧客が望んでいるものがニーズで、企業が提供したいものがシーズです。

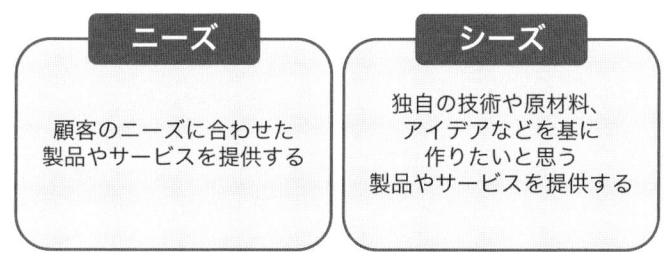

図表 1・4　ニーズとシーズ

　企業のマーケティングにおいては、ニーズに基づいた製品やサービスを提供することが大半ですが、新たなニーズを作り出すという意味でもシーズ志向が必要とされる場合もあります。シーズ志向によって生み出された製品やサービスは、既に顕在化しているニーズを直接的に満たすというものではありませんが、顧客自身が認識していない潜在的なニーズを掘り起こす画期的な製品やサービスになることもあるのです。

NPOにおいては、前述の価値提供型と課題解決型というタイプに応じて、ニーズ志向とシーズ志向を見極めながら活動を行います。価値提供型NPOでは、企業と同様にニーズとシーズの両方を意識して活動を行いますが、課題解決型NPOにおいては、顧客である受益者や地域、社会が抱える課題は何なのか、つまりニーズが何なのかを明らかにし、そのニーズに応えていくことが活動の起点になります。よく「NPOは社会のニーズではなく、自分たちがやりたいことをやっている」「NPOの人は自分の想いが先行しがち」と指摘されることが多いですが、活動が独断的で自己満足的なものであってはならず、顧客である受益者や地域、社会のニーズに応えることを常に意識する必要があります。

　NPOにおいては、マーケティングを実践することにより、常に顧客のニーズと自団体のシーズを見極めていかなければなりません。そして、ニーズ志向であれシーズ志向であれ、最終的に受益者に受け入れられなければ意味がないということを認識するべきでしょう。

③ NPOに影響を与える競争の激化

　内閣府によると、2014年4月30日現在、認証されたNPO法人数は4万9042法人にのぼります（図表1・5参照）。活動分野や地域によっては、NPO同士でサービスの利用者や参加者、ボランティアやプロボノなどの人的支援や、寄付金や会費、助成金などの金銭的支援を奪い合うような状況にあるといってもよいでしょう。

　図表1・6は、2014年3月31日現在、NPOが定款の設立目的や設立趣旨書に記載する「主たる活動内容」の種類とそれぞれの法人数及びその割合を表したものです。例えば、第1号の「保健、医療又は福祉の増進を図る活動」では、この分野に該当する活動を行っていると自己申告しているNPOは2万8699あり、全認証数4万8985の59％にも達しています。この分野においては、サービスの提供対象は子どもから高齢者、障害者、同性愛者、外国人まで幅広く、対象地域も国内のみならず途上国などの海外

図表 1・5　NPO 法人数の推移

年度	認証法人数	うち認定法人数	年度	認証法人数	うち認定法人数
平成 10 年度	23	—	平成 19 年度	3 万 4369	80
平成 11 年度	1724	—	平成 20 年度	3 万 7192	93
平成 12 年度	3800	—	平成 21 年度	3 万 9732	127
平成 13 年度	6596	3	平成 22 年度	4 万 2385	198
平成 14 年度	1 万 664	12	平成 23 年度	4 万 5139	244
平成 15 年度	1 万 6160	22	平成 24 年度	4 万 7541	407
平成 16 年度	2 万 1280	30	平成 25 年度	4 万 8985	628
平成 17 年度	2 万 6394	40	平成 26 年度 (4月末現在)	4 万 9042	641
平成 18 年度	3 万 1115	58			

注 1 ：認証法人数及び認定法人数は、各年度末の法人数を表す。
　 2 ：平成 24 ～ 26 年度の認定法人数には、仮認定法人数を含む。
（出典：内閣府 NPO ホームページ　https://www.npo-homepage.go.jp/about/npodata/kihon_1.html）

図表 1・6　定款に記載された特定非営利活動の種類（複数回答）

号数	活動の種類	法人数	割合(%)
第 1 号	保健、医療又は福祉の増進を図る活動	2 万 8698	59%
第 2 号	社会教育の推進を図る活動	2 万 3229	47%
第 3 号	まちづくりの推進を図る活動	2 万 1328	44%
第 4 号	観光の振興を図る活動	1144	2%
第 5 号	農山漁村又は中山間地域の振興を図る活動	1033	2%
第 6 号	学術、文化、芸術又はスポーツの振興を図る活動	1 万 7143	35%
第 7 号	環境の保全を図る活動	1 万 3895	28%
第 8 号	災害救援活動	3794	8%
第 9 号	地域安全活動	5562	11%
第 10 号	人権の擁護又は平和の活動の推進を図る活動	8129	17%
第 11 号	国際協力の活動	9343	19%
第 12 号	男女共同参画社会の形成の促進を図る活動	4346	9%
第 13 号	子どもの健全育成を図る活動	2 万 1588	44%
第 14 号	情報化社会の発展を図る活動	5562	11%
第 15 号	科学技術の振興を図る活動	2703	6%
第 16 号	経済活動の活性化を図る活動	8501	17%
第 17 号	職業能力の開発又は雇用機会の拡充を支援する活動	1 万 1655	24%
第 18 号	消費者の保護を図る活動	3082	6%
第 19 号	前各号に掲げる活動を行う団体の運営又は活動に関する連絡、助言又は援助の活動	2 万 2726	46%
第 20 号	前各号に掲げる活動に準ずる活動として都道府県又は指定都市の条例で定める活動	116	0.24%
平成 26 年 3 月 31 日までに認証を受けた法人数		4 万 8985	

注 1 ：1 つの法人が複数の活動分野の活動を行う場合があるため、合計は 4 万 8985 法人にはならない。
　 2 ：第 14 号から第 18 号までは、平成 14 年改正特定非営利活動促進法（平成 14 年法律第 173 号）施行日（平成 15 年 5 月 1 日）以降に申請して認証された分のみが対象。
　 3 ：第 4 号、第 5 号および第 20 号は、平成 23 年改正特定非営利活動促進法（平成 23 年法律第 70 号）施行日（平成 24 年 4 月 1 日）以降に申請して認証された分のみが対象。
（出典：内閣府のデータ（https://www.npo-homepage.go.jp/portalsite/bunyabetsu_ninshou.html）を基に筆者作成）

第 1 講　NPO のマーケティング

も含み、具体的な活動内容も医療行為、啓発や教育活動、ネットワーク、研究、情報提供、カフェ運営など、非常に広範囲にわたっています。一見すると保健や医療、福祉とは無関係に思えるような団体が、同分野に該当するという申告をしている状況にあるということです。このことは、例えばこの分野における助成金プログラムに対して、10団体中6団体が申請する可能性があり、助成金獲得の競争が非常に激しいということを意味しています。

　また、競争の激化はNPOセクター内だけで起こっているのではありません。介護事業や教育関連事業など、ふんだんなリソースと優れたビジネスモデルをもとに企業や行政などが積極的に参入してきています。NPOはこういったプレイヤーの存在を意識し、マーケティングを実践することにより、独自の価値を創出していかなければなりません。

4 ｜ NPOマーケティングの対象

　一般的に企業では、製品やサービスの受益者（顧客）を対象としたマーケティング活動を行いますが、NPOでは、受益者と支援者の2者が対象となります。つまり、受益者（社会）に対して新しい価値を提供したり、課題を解決することを目的に製品やサービスを提供しますが、同時に、そうした活動を支えてくれるボランティアや寄付者、会員などの支援者の獲得活動を行っているということです。NPOにおいては、常にこれら2つの顧客の動向を念頭においてマーケティング活動を行わなければなりません。

　NPOの中でも、特に課題解決型NPOでは、企業のように受益者から直接対価を得られないケースが多くあります。このため、個人や企業、行政、助成財団などから金銭的支援や物的支援、そしてボランティアなどの人的支援を獲得し、それらを事業に充当していきます。

　支援者獲得の目的は、単に不足している経営リソースを補うためだけではありません。市民を啓発して社会参加や自律・自立を促すという意味合

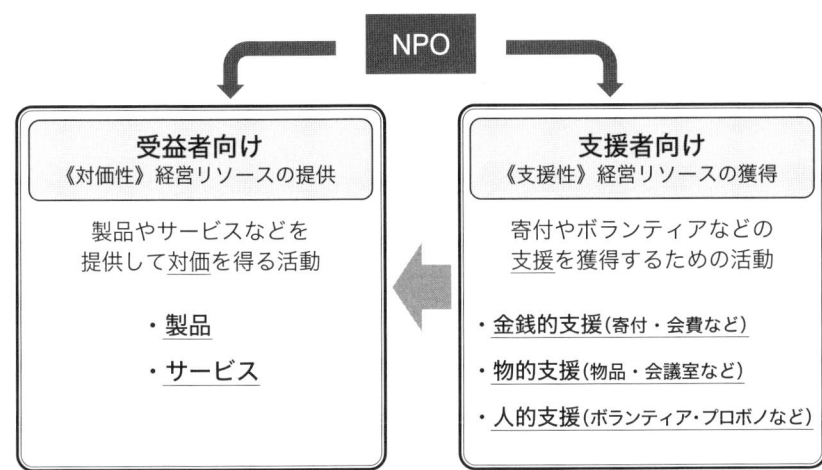

図表1・7　NPOマーケティングの対象

いが含まれており、企業にはないNPO独自のものです。NPOは、日々の支援者獲得の活動にはこうした社会的な役割が含まれていることを念頭においておくべきでしょう。

1 受益者向けマーケティング

　受益者向けマーケティングは、製品とサービスに大別され、対価性の経営リソースを提供するマーケティング活動と位置づけられます。

　サービスの中には、アドボカシー（政策提言）や啓発活動なども含まれますが、対象となるステークホルダー（利害関係者）の価値観や行動の変革を"対価"と解釈すると理解しやすいでしょう。

　NPOにおける受益者向けのマーケティングは、社会に対して新しい価値を提供したり、社会に存在する課題を解決することを目的としている点が企業とは異なりますが、マーケティングの実施プロセス自体は企業におけるそれと基本的には変わりません。大きな違いは、対価を支払うのが受益者本人ではなく、寄付金や会費、助成金などを支払う支援者であるケースが多いという点です。例えば、開発途上国の子どもに対する医療の提供や、

河川のゴミ拾いによる生態系の保全活動など、受益者に支払能力がなかったり、受益者が広範で曖昧であるケースなどがこれに該当します。

■製品

NPOセクター全体でそれほど多くの比率を占めるものではありませんが、環境に配慮したリサイクル石鹸、雇用支援のための手作り無添加ジャム、障害者による木工品、耕作放棄地での酒米の製造販売など、製品を提供することにより対価を得る活動があります。また、主たる事業ではありませんが、Tシャツやマグカップ、トートバック、キャップ、ボールペンなど、団体のロゴ入りグッズを販売するケースや、書籍やブックレットの販売など、収益事業として製品を展開するケースもあります。

製品のマーケティングにあたっては、企業と同じように製品開発、販売計画、原材料調達、スタッフの雇用、広告宣伝・プロモーション、デザイン、パッケージング、在庫管理、物流、サポート、損益管理などについての専門的なノウハウが必要となります。

■サービス

NPO法で規定された20の主たる活動内容（図表1・6参照）にあるとおり、NPOの活動の大半は、有形の製品の販売ではなく、人やその所有物などを対象とした無形のサービスの提供です。企業セクターにおけるサービスには、ホテル、レストラン、旅行、銀行、保険、通信、公共輸送サービス、テーマパーク、フィットネスジム、エンターテインメント、教育、不動産、人材派遣、クリーニング、美容院、弁護士や会計などの士業、経営コンサルティングなどがありますが、NPOの活動はこれらのマーケティング・ノウハウから得られるものが多いでしょう。

また、広義のサービスの中には、アドボカシーや啓発活動も含まれます。アドボカシーとは、ステークホルダーの利害関係の調整を図りながら、社会的弱者の権利擁護や特定の社会問題に関する法制度の変革を伴う政策提言を行うことです。啓発活動は、広く不特定対数を対象に行うもので、取るべき行動の方向性はNPO側が提示しますが、最終的にそれを受け入れ

るかどうかは個々人に委ねられます。アドボカシーも啓発活動も、一般的には対価報酬は伴わず、最終的な便益は社会全体によって享受されます。

　啓発活動ついては、これまで当たり前であった価値観や行動を変えるように促す活動のため、対象者にとっては精神的、身体的、金銭的な負担や苦痛などが伴うという特徴があります。例えば、フェアトレード製品の購入、禁煙の推進、ゴミ投棄の禁止、児童買春や児童労働の根絶、人種差別の撤廃など、従来の価値観や行動が禁じられたり、変更させられたり、制限されたりするため、理想とする状態に至るには時間がかかります。一方、企業が提供する製品やサービスは、受益者側に購入や利用決定の選択肢もあり、新しい価値や機能、便益、体験の機会などが提供されるため、通常は、購入・利用前よりも状況や状態がより良いものへと改善されます。このため、受益者は納得して対価を支払うのです。

2 支援者向けマーケティング

　支援者向けマーケティングは、支援性の経営リソースである寄付金や会費などの金銭的支援、物品や会議室などの物的支援、単純労働に関わるボランティアや専門ノウハウを持つプロボノなどの人的支援を獲得するためのマーケティング活動と位置づけられます。支援者向けマーケティングは企業には存在せず、NPO独自のマーケティング活動といえます。

■金銭的支援

　個人・法人を問わず、寄付金や会費、協賛金、助成金、補助金など、NPOの活動に対して提供される金銭的な支援です。支援者にとっての価値は社会に貢献をしたという精神的な充足感ですが、お礼や報告、特典を提供することにより、支援に対する感謝の意を伝えます。

　また、支援者とNPOとの関係性の深さによっては、金銭的支援をいきなり獲得するのは難易度が高いため、物的支援、人的支援などを絡めながらまずは関係性を構築し、金銭的支援へと誘導していきます。

■物的支援

　書き損じ・未投函葉書、古本、CD、DVD、ゲームソフト、未使用・使用済み切手、テレホンカード、金券、外貨コイン・紙幣、使用済みトナー、インクカートリッジ、衣類・雑貨、貴金属など、換金性のある物品の提供による支援です。

　また、企業から提供される物品は、NPO自身に対するものとNPOの活動の受益者に対するものに分類されます。NPO自身に提供されるものとしては、事務備品（プリンタ、インク、コピー紙など）、チラシなどの印刷、ソフトウェア、会議室やセミナー会場などがあり、NPOの活動の受益者に提供されるものには、衣類、食品、家電製品、家庭用品、学用品などがあります。

■人的支援

　ボランティアやインターン、高い専門性やスキルを保有するプロボノなどの人的な支援です。提供された労働力は基本的に無償であるため、NPOの掲げるミッションへの共感、活動における目的や成果、達成感の共有など、労働力を提供してくれる支援者の動機づけや行動のマネジメントが必要となります。

　昨今では、会社員や公務員、自営業者など、NPOセクター以外のセクターに従事する人たちが、市場調査、顧客管理ソフトを活用した支援者分析、経営コンサルティング、団体パンフレットやHPのデザイン・制作、経理・法務関連業務に対する支援など、専門的なノウハウの提供を行う「プロボノ」として活躍するようになっています。「プロボノ」とは、"公共善のために"を意味するラテン語「Pro Bono Publico」を語源としていますが、企業などが社内の公式なボランティア派遣プログラムとして支援を行う場合もあれば、会社員がプロボノとして個人でNPOを支援する場合もあります。

5 ｜ NPOセクターにおけるマーケティングの独自性

　NPOと企業では、マーケティングの基本的な考え方や日々の実務はそれほど変わりません。ここでは、NPOでマーケティングに携わる人が理解しておくべきNPOセクターの特徴や独自性について、企業との比較を踏まえながら解説します。

■ 社会全体の利益を最大化する

　企業の存在意義は、事業を通して新しい価値や機能、利便性、体験などを顧客に提供することであり、利益を上げて組織を維持・拡大していくことを目的としています。そのために、例えば株式会社であれば、株主や各種金融機関から資金を調達して事業に投資し、状況に応じて、利益の出ない事業から撤退したり、新たな事業を展開することも柔軟に行います。極論すると、売れるものを売り、売れないものは売らないということです。

　一方、NPOは、一組織だけでなく、社会全体に利益をもたらすことを前提としているため、価値提供型であれ、課題解決型であれ、利潤の追求を目的とする企業とは一線を画す存在だといえます。特に、課題解決型NPOの場合、その究極のゴールは自団体の存在が不要になることであり、組織の発展的解消といっても過言ではありません。つまり企業のように存続することを前提として存在していないのです。また企業と違い、利益を生み出さない事業は実施しないということはないため、慢性的な経営リソース不足に悩まされながらも、取り組む社会課題がゼロになるまで活動を行い続けます。この点が企業と違う存在価値でもあり、NPOセクター全体に内在する課題でもあるのです。

■ ステークホルダーが複雑で多い

　NPOが取り組む社会課題は、1つの分野に留まらず複数の分野にまたがるものが多いため、自ずとステークホルダーが多いという特徴があります。このため市民、行政、企業、研究者、メディア、政治家、他のNPOなど、個々のステークホルダーが持つ利害関係を調整する力が必要とされます。

また、取り組む社会課題の解決に向け、自団体だけで賄えない専門性や技術、ノウハウ、人的なネットワークを補完するという視点からも、様々なステークホルダーを巻き込む力が不可欠です。

■当事者意識を持ちづらい

　NPOの活動は特定の地域に根差したものであったり、特定の活動分野に特化したものであるケースが多いため、対象となる人や地域以外にとっては当事者意識を持ちづらいという特徴があります。また、そもそも活動内容が目に見えない無形のサービスであることが大半であるため、その成果や価値が伝わりづらいのも特徴です。特に支援者を獲得するマーケティング施策においては、活動に対する共感を得る際に、いかに当事者意識を持ってもらえるかが重要となります。

■ マーケティング・データが少ない

　企業のように市場の動向や顧客のニーズ、満足度を調査するような資金やリソースが不足しているため、活動の起点となる市場の実態や今後の動向を把握するのが困難な状況にあります。官公庁による統計データや研究機関のレポートなどの2次データでカバーできる場合もありますが、NPOの多くは、規模も小さくニッチな分野で活動しているため、これらのデータではカバーしきれていないケースが多いのが実情です。かといって、NPOが独自に特定の目的のために新規に調査を実施するということは、スキルや費用の観点から困難であるため、調査のノウハウや専門性を持ったボランティアや研究者の支援を得るか、団体内で可能な範囲のリサーチ・スキルを身につけていくかということになります。

■ マーケティング・リソースが乏しい

　企業では、一定の広告宣伝費やプロモーション費を確保して製品やサービスの拡販を行いますが、NPOにおいては、一部の大手NPOを除き、慢性的な経営リソース不足のため、活動の認知拡大や支援者の獲得に向けた告知費用が捻出できません。仮に費用を投じられる財政的余裕があったとしても、「提供したお金は事業そのものに充当して欲しい」という支援者か

らの要望により、実施が困難なケースがあります。

　また、資金面のみならず人材面においても問題が山積しています。企業のように充実かつ安定した給与・福利厚生が提供できず、雇用後にも充分な人材育成の機会を提供することができないため、優秀な人材が集まりにくく、常に人材流出の危険性を抱えています。

■ いまだに NPO に対する誤解が存在する

　社会起業家の登場やソーシャル・ビジネスの社会的浸透により、以前に比べると、広く非営利の分野で活動する団体に対する世間の見方も変わってきたように思います。しかしながら、いまだに NPO を無償のボランティア団体だと認識している人が多いのが実態です。ボランティアの特徴である「無報酬」と NPO の特徴である「非営利」が混同され、ボランティア団体だからお金を稼いだり収益をあげるのはおかしいと認識している人が存在しているのです。NPO は法人格を持った組織であり、社会の利益を最大化するための活動を行うために、スタッフの雇用維持も含め、組織の運営に資金が必要なのは当然でしょう。

6 ｜ NPO マーケティングの "5C"

　マーケティングを論じる際に、エドモンド・ジェローム・マッカーシーが提唱したマーケティングの "4P" が引用されることが多くあります。4P とは、製品（Product）、価格（Price）、流通（Place）、販売促進（Promotion）のそれぞれの頭文字をとったものですが、企業ではこの 4P に基づいて自社のターゲット顧客に対するマーケティング施策を展開しています。この 4 つの P の組み合わせ方法には唯一の正解があるわけではなく、企業ごとにどういった組み合わせをするかは異なります。つまり、「マーケティング・ミックス」と呼ばれるこの組み合わせを決定することが各企業のマーケティング戦略ということになります。

　この 4P という視点は、基本的には製品の提供側である企業の立場から

捉えたものですが、顧客の視点で捉えたものが、ロバート・ラウターボーンが提唱した"4C"と呼ばれるフレームワークです。4C は 4P に対応するもので、価値（Customer Value）、コスト（Cost）、利便性（Convenience）、コミュニケーション（Communication）の頭文字をとったものです。

Product（製品）	⇔	Customer Value（価値）
Price（価格）	⇔	Cost（コスト）
Place（流通）	⇔	Convenience（利便性）
Promotion（販売促進）	⇔	Communication（コミュニケーション）

図表 1・8　マーケティングの"4P"と"4C"

NPO においては、前述のとおり、受益者と支援者という 2 つの顧客を抱えていますが、これら顧客を常に組織運営の基点とし、その満足度を高めていくためにも、顧客の視点である 4C のフレームワークをマーケティング活動の中枢に置くべきです。

本書では、NPO では人を介在したサービスの提供が大半であるということ、そして、企業セクターにはない人的資源であるボランティアが存在するという特徴を踏まえ、NPO マーケティング独自の C として、快適さ（Comfort）を追加し、"5C"というフレームワークで解説していきます（3 企画・立案篇）。

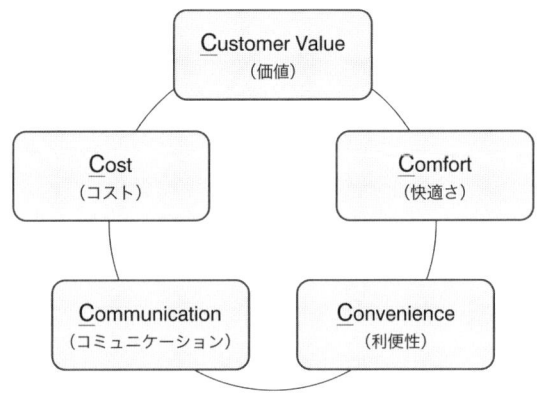

図表 1・9　NPO マーケティングの"5C"

7 | NPOマーケティングの実施プロセス

　マーケティングの実践は単なるスローガンではなく、日々の活動に具体的に落とし込んで初めて意味を持ちます。日々のマーケティングの積み上げがミッションの達成に繋がっているか、逆に、ミッション達成から逆算すると日々のマーケティングになっているかという両方の視点から自団体のマーケティング戦略を俯瞰します。そして、自団体の活動のタイプや実践するマーケティングの対象を見極めていきます。

　これらの前提を確認した上で、NPOでは、以下の5つのプロセスに則り、マーケティングを実践していきます。

課題認識	➢ 事業や日々の活動における課題の発見・認識 ➢ 課題解決に向けたマーケティング施策の考案
環境分析	➢ 情報収集（1次データと2次データ） ➢ 内部環境分析（自団体の強み・弱み） ➢ 外部環境分析（受益者、支援者、協働パートナー、競合、マクロ環境）
ターゲット設定	➢ セグメンテーション（市場細分化） ➢ ターゲティング（ターゲットの特定） ➢ ペルソナ（ターゲットを具現化した象徴的な人物像）の設定
ポジショニング	➢ ポジショニング（自団体の優位性や独自価値の見極め）
施策立案	➢ "5C"に基づいた受益者向けマーケティング施策の立案 ➢ "5C"に基づいた支援者向けマーケティング施策の立案
実行・改善	➢ マーケティング施策の目標・指標の設定及び評価 ➢ スケジュール、人員体制、予算の確定 ➢ PDCA（Plan-Do-Check-Action）の実践

図表1・10　NPOマーケティングの実施プロセス

フェーズ①：課題認識

　課題認識は大きく2つのケースに分類されます。1つ目が、新設NPOであれ既存NPOであれ、新規に事業を開始する場合です。個人的な体験や

メディアの情報、社会環境や自団体内部の変化などをきっかけに、事業の対象者や対象地域、具体的なマーケティング施策などを頭に思い描いたり、団体関係者と議論したりするような状況です。

　2つ目が、既存のNPOにおいて事業を見直したり、さらに拡大していく必要性を認識する場合です。例えば、「資金不足で困っている」「会員数が伸び悩んでいる」「イベントの集客がうまくいかない」「ボランティアを増やしたい」「団体HPサイトへのアクセスが増えない」など、様々なマーケティング課題に直面し、その原因と解決策について担当スタッフが大まかに頭の中に描いたり、団体内部で進むべき方向性を議論したりしているような状況です。

フェーズ②：環境分析

　マーケティング環境分析は言い換えると現状分析のことですが、情報収集と分析という2つに分解されます。情報収集は、課題認識フェーズで認識した課題をさらに掘り下げるために、公開されている各種文献などを活用して情報収集を行うことですが、場合によっては対象となる個人や関係する組織に対するヒアリングやアンケート調査などを実施します。

　その上で、収集した情報を詳細に分析していきます。分析は、団体の内部環境分析と外部環境分析の2つの軸で行いますが、具体的なステークホルダーの利害関係やニーズを考慮に入れながら、自団体にとってのチャンスやリスクを見極めていきます。これら内部環境と外部環境の分析結果を踏まえ、最終的に団体として向かうべき方向性と方針を決定します。

フェーズ③：ターゲット設定

　ターゲット設定とは、具体的にどのようなターゲットを対象にマーケティング施策を展開していくかを決定することで、セグメンテーション、ターゲティング、ペルソナ設定という作業を実施します。受益者であれ支援者であれ、対象となるターゲットを絞り込むためにまずは市場を細分化

（セグメンテーション）します。そして、細分化した市場の中から、自団体の強みや弱み、保有する団体の経営リソース、ターゲットの市場規模などを踏まえ、アプローチするべき特定のターゲットを決定していきます。さらに、特定したターゲットをより具体的にイメージし、適切なマーケティング施策を展開していくために、ターゲットを具現化した象徴的な人物像である「ペルソナ」を設定します。

フェーズ④：ポジショニング

　設定したターゲットに対するマーケティング施策を企画立案するにあたり、自団体の施策が他のNPOや企業、行政などの競合と比較した上で、優位性や独自性があるかどうかを検討します。この作業をポジショニングと言いますが、受益者や支援者が、特定のNPOやそのNPOが提供する製品やサービスを競合と比較した場合に、どのように認識するかを見極める作業のことだといえます。比較の対象は、競合だけではなく、自団体の既存の製品・サービスも含まれます。

フェーズ⑤：施策立案

　受益者や支援者に対して実施する具体的なマーケティング施策を企画立案するフェーズです。このフェーズでは、受益者・支援者の両方に対して、価値（Customer Value）、コスト（Cost）、利便性（Convenience）、コミュニケーション（Communication）、快適さ（Comfort）の"5C"を踏まえたマーケティング・ミックスを立案していきます。

フェーズ⑥：実行・改善

　マーケティング施策の達成目標と指標を設定したら、実施スケジュール、人員体制、予算などを決定していきます。
　また、マーケティング施策は実施したらそれでお終いではなく、PDCAサイクルを回していかなければなりません。振り返りの重要性は認識され

ているものの、業務の多忙を理由に、多くの NPO では疎かになりがちです。実施したマーケティング施策が目標を達成しようがしまいが、きちんと振り返りを行い、成功・失敗のエッセンスを他の施策に横展開したり、新規に始める施策に応用していきます。

　NPO においてマーケティングを実践していく際には、これらの 6 つのフェーズを理解し、自団体のマーケティングがどのフェーズにあるのか確認しながら、マーケティング施策の遅れや進みに適宜対処していきます。また、常日頃からどのフェーズに強みや弱みがあるのかを把握し、経営リソースの投資バランスを最適化しながら、マーケティングを展開していきます。

column 1

『Giving USA 2014』にみる米国の寄付実態

　米国では毎年、日本の『寄付白書』にあたる『Giving USA』が発行されています。ギビング USA 財団と調査パートナーのインディアナ大学によるものですが、米国の寄付実態を把握する上で、最も包括的で権威のあるものとして知られています。

　刊行されてから59回目となる最新版の『Giving USA 2014：The Annual Report on Philanthropy for the 2013』（2014年6月発表）によると、2013年の個人、企業、財団からの寄付総額は3351億ドルで、前年2012年より3％（インフレ調整後）の増加となっています。

　内訳は、個人寄付が2406億ドル（構成比72％／前年比＋2.7％）、法人寄付が1790億ドル（構成比5％／前年比▲3.2％）、財団からの寄付が490億ドル（構成比15％／前年比＋4.2％）、遺贈寄付が277億ドル（構成比8％／前年比＋7.2％）です。

　法人寄付が前年比でマイナスとなっているものの、堅調な株式市場と経済成長により、米国の寄付市場全体でみると4年連続での増加となります。仮にこのペースで今後も推移した場合、サブプライムローン問題に端を発した金融危機の直前の2007年に記録した過去最高となる寄付総額3500億ドルを、早ければ今年、遅くとも2015年には追い抜くとみられています。これが実現した場合、以前立てられた予測よりも

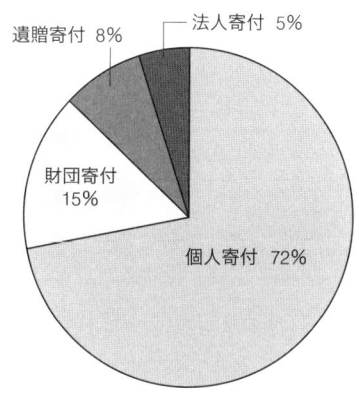

米国における寄付の構成比（2013年）

3年前倒しで達成することになります。

　分野別にみると、宗教が1055億ドル（構成比31％／前年比▲1.6％）、教育が520億ドル（構成比16％／前年比＋7.4％）、福祉が415億ドル（構成比12％／前年比＋0.7％）、財団への寄付が357億ドル（構成比11％／前年比▲16.7％）、保健が318ドル（構成比10％／前年比＋4.5％）、公益団体への寄付が238億ドル（構成比7％／前年比＋7.0％）、芸術・文化が166億ドル（構成比5％／前年比＋6.3％）、国際協力が149億ドル（構成比4％／前年比▲8.0％）、環境保護・動物愛護が97億ドル（構成比3％／前年比＋6.0％）、個人への寄付が37億ドル（構成比1％／前年比＋1.4％）となっています。

　個人寄付が増加した主な要因として、富裕層による寄付拡大が挙げられています。実際に、これら富裕層が積極的に寄付を行う傾向にある、教育と芸術・文化の分野においては、前述のとおり前年比で高い伸びを示しており、株式市場の堅調により、少額の個人寄付が大半を占める大手NPOへの寄付ではなく、「ドナー・アドバイズド・ファンド」（コミュニティ財団や金融機関などに資金運用を任せ、寄付先を設定する仕組み）や大学への寄付が増加したことが要因と分析されています。

　『寄付白書2013』によると、日本の最新の寄付市場は、個人寄付が6931億円（2012年）で法人寄付が7168億円（2011年）。年度は違いますが、仮にこれらを合わせると、総額1兆4099億円の市場規模となります。この金額を単純に米国と比較すると（1ドル＝100円）、約24倍の差があるということになります。

　両国における歴史、宗教、文化、習慣、人種、法制度の違いなど、様々な要素が複雑に絡まっているため、単純には比較できませんが、米国をはじめとする諸外国の寄付動向を常日頃からウォッチしていく中で、日本社会独自の寄付文化創造に向けたヒントが得られるのではないでしょうか。

2

事前準備篇

　本篇では、マーケティング施策の企画立案に向けた事前準備として、団体内外の環境分析、事業の対象となるターゲットの設定、自団体の価値を見極めるポジショニングについて取り上げていきます。
　第2講では、組織や事業の内部と外部を分析する環境分析について、その前提ともなる情報収集と合わせて詳述します。環境分析はマーケティングの出発地点であるため、しっかりとその基本を押さえましょう。
　第3講では、事業の具体的なターゲットの絞り込み方を、セグメンテーション、ターゲティング、ペルソナ設定という3つの作業に分けて述べていきます。
　第4講では、競合との比較において、組織や事業が持つ独自の価値や優位性を見極めるポジショニングについて解説します。

第2講
環境分析

　マーケティング環境分析のフェーズでは、収集した情報を基に分析を行い、団体としての向かうべき方向性や方針を決定します。情報収集は、課題認識フェーズで認識した課題をさらに掘り下げるために、既存の入手可能な情報や新規に収集する情報、団体内部・外部の情報などを適宜活用しながら実施していきます。その上で、団体内部の分析として自団体の強み・弱みの分析を行うとともに、団体外部の分析として、受益者、支援者、協働パートナー、競合、マクロ環境分析を行います。また、環境分析の一環として、具体的なステークホルダーを見極める作業も発生します。

　環境分析は、以降のターゲット設定やマーケティング施策の企画立案の前提となる作業であるため、収集した情報にヌケやモレ、偏りがあったり、情報の鮮度が低かったり、分析の項目が抜け落ちていたり、分析の視点がズレているというような状況は避けなければなりません。つまり、このフェーズで間違った方向性や方針を導いてしまうと、以降のフェーズも全て間違った方向に進んでしまい、結果として活動の成果を出せず、ミッションの達成にも繋がらないということになりかねないのです。

　NPOの中には思いつきや思い込みで活動したり、自分たちのやりたいことをやるというスタンスの団体がありますが、環境分析を行う中で、事実に基づいて正確に受益者や支援者、自団体を取り巻く社会環境などの実態を把握しなければなりません。「活動が継続できない」「支援を得られない」といった原因の多くはこのフェーズにおける情報収集や分析の精度の低さにあるといっても過言ではないでしょう。こういった意味でも、環境分析は極めて重要な作業であることをしっかり認識しておきましょう。

1 | 情報収集

　NPOにおいて新規に事業を開始する場合、または既存事業の改善や更なる拡大を図る場合、現状と今後の動向や見通しを把握するために広範囲にわたる情報が必要となります。

　一般的に、情報収集は、1次データと2次データを適宜組み合わせて活用しながら、効率よく進めていきます。1次データとは、特定の目的のために新規に収集されるもので、質問法、観察法、実験法などの専門的な調査方法により収集されるデータです。関係者に対するアンケートやインタビューなどの手法が一般的でしょう。1次データの特徴としては、必要なデータをピンポイントで入手することができる反面、有料で時間がかかることが挙げられます。このため、調査の規模や内容、専門性にもよりますが、NPOが独力で実施するのが困難な場合は、大学教授などの研究者や専門家、市場調査会社などに勤めるプロボノなどの協力を得ながら実施するのが現実的といえるでしょう。

　一方、2次データは、特定の目的のために既に存在しているもので、団体の内部データと外部データに分かれます。内部データは製品やサービスの売上実績、費用、製品の在庫数、スタッフの労働時間、ユーザーボイス、団体HPのアクセス解析データ、サービス利用者数、メールマガジン配信数、会員の個人情報、寄付者数や収入実績など、日々の業務を通じて蓄積されるデータを指します。外部データには、官公庁による統計データ、調査・研究機関による報告書、学術機関による研究論文などがあります。特にNPOセクターにおいては、内閣府が発表するNPO関連の調査報告書やNPO法人日本ファンドレイジング協会が2010年から発行している『寄付白書』、各地域の市民活動センターやNPOサポートセンターなどによる地域レベルでの調査報告書など、日々の活動に有益な情報が定期・不定期に公開されているので、もれなくチェックしておきましょう。2次データのメリットとしては、情報収集にかかるコストや手間が抑えられることが挙げ

られます。また、インターネットの普及により、広範囲にわたる情報がインターネット上で公開されるようになり、情報検索のテクノロジーも進化しているため、対象となる情報量も従来と比べると格段に増えています。一方、ニッチな分野で活動するNPOにとっては、必ずしも必要とするデータが入手できるわけではない点が挙げられるでしょう。

　新設NPOを含め、特に新規に事業を行うNPOの場合は、2次データのうち、団体内部のデータは存在していないケースが大半であるため、基本的には、外部データを万遍なく収集し、必要に応じて調査やインタビューを実施して1次データを収集することになります。一方、既存のNPOが既存事業の改善や更なる拡大を図る場合は、2次データのうち団体内部のデータを従来とは違う角度から分析し直したり、追加の1次データとして、既存のサービス利用者に対する利用実態調査や支援者に対するフォーカスグループ・インタビューを行うなど、現状を深堀りして対策のヒントを探し当てていきます。

　いずれにせよ、膨大な情報が溢れている現代では、情報収集は必要になって初めて行うのではなく、常日頃から定期的に行っておくべきです。参

1次データ（特定の目的のために新規に収集されるデータ）
- ■質問法
  面接調査、電話調査、郵送調査、留置調査、ファックス調査、インターネット調査
- ■観察法
- ■実験法

2次データ（特定の目的のために既に存在しているデータ）
- ■内部データ
  売上実績、費用、キャッシュフロー、製品の在庫数、配送記録、スタッフの労働時間、ユーザーボイス（クレームや問い合わせ）、団体HPのアクセス解析データ、サービス利用者数、イベント参加数、メールマガジン配信数、会員数、会員の個人情報、寄付者数など
- ■外部データ
  官公庁による統計データ（国勢調査、家計調査、所管省庁が刊行する白書など）、調査・研究機関による報告書、学術機関による研究論文、業界紙・業界新聞など

図表2・1　データの分類

照する情報源をある程度固定して継続的に情報収集を行いながら、適宜、見直しや新しい情報源の開拓を行います。また、インターネットやスマートフォンなどの携帯端末を積極的に活用することで情報収集の効率を上げる工夫も必要でしょう。

2 | 環境分析の構造

収集した情報を基にマーケティング環境分析を行っていきますが、分析の軸は大きく2つに分類することができます。1つ目が自団体の強みと弱みを見極める内部環境分析で、2つ目が受益者、支援者、協働パートナー、競合、マクロ環境などの外部環境分析です。後者は、市場におけるチャンスとリスクを見極める作業ともいえます。

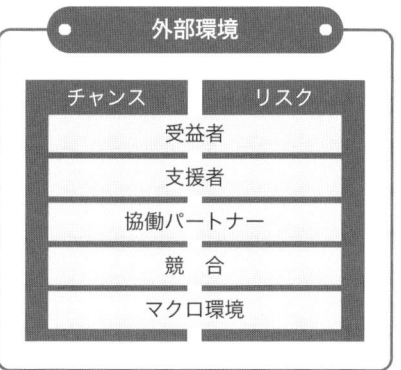

図表2・2　マーケティング環境分析の構造

1 内部環境分析

団体内部の強みと弱みを見極めるにあたり、図表2・3のとおり、数値化できない定性情報と数値化できる定量情報に分類して分析を行っていきま

す。加えて、マーケティング情報として、受益者向けの製品やサービスなどの対価性経営リソースの提供に関する情報と寄付金や会費などの支援性経営リソースの獲得に関する情報を整理していきます。

内部環境分析を行う際の留意点は、団体の強みや弱みを把握するには、"比較"という作業が不可欠であるということです。例えば、団体の過去の実績と時系列で比較したり、競合となるNPOや企業、行政とサービス内容や価格などを横並びで比較することにより、はじめて自団体の相対的な強みと弱みを認識することができます。そうでないと、単なる事実の羅列に止まったり、自団体の主観だけが独り歩きしたマーケティング施策の立案になりかねないということに注意しなければなりません。

図表2・3　内部環境分析の項目

分類		項目
組織情報	定性情報	ミッション、ビジョン、バリュー、組織文化、設立経緯、歴史、活動分野、事業内容、活動エリア、組織体制、理事・役員構成、リーダーシップ、人材、ステークホルダー、組織力、ブランドイメージなど
	定量情報	売上、利益、収益性、キャッシュフロー、収支構造、資金構成（事業収入、会費、寄付、助成金など）、認知度、サービス利用者数、支援者数（寄付者・会員など）、スタッフ数、ボランティア数、事業所数など
マーケティング	対価性経営資源	ターゲット、ネーミング、素材、品質、効能、機能、ブランド、デザイン、価格、流通、利用場所、支払方法、広告・広報、キャンペーン、営業、サポート、保証など
	支援性経営資源注	ターゲット、支援メニュー、お礼、報告、特典、価格体系、支払方法、広告・広報、WEB活用、キャンペーン、イベント、データベース、ファンドレイザーの有無など

注：支援製経営資源は、寄付の場合

② 外部環境分析

団体内部の環境分析を行うとともに、受益者、支援者、協働パートナー、競合、マクロ環境について分析を行います。団体の内部だけでなく外部である社会全体にも目を向けなければ、実態とかけ離れたマーケティング施策になってしまい、最終的な成果にも結びつきません。外部環境分析を行うことにより、団体外部の市場に存在するチャンスを活かし、リスクを軽減・回避できるような方向性や方針を決定していきます。

■受益者

　NPOが提供する製品の購入者やサービスの利用者など、受益者について分析を行います。受益者は、個人や集団であることもあれば、特定の地域、社会全体にまで広がりを持つケースもあります。

図表2・4　受益者の分析項目

分類	項目
市場規模	潜在的な受益者数と売上見込み金額規模、既存受益者数と既存売上金額、セグメント別／製品・サービス種類別／地域別の実績（構成比／推移）、過去からの推移と今後の見通し（成長率）、平均単価、リピート率、流出率など
属性情報	性別、年齢、居住地域、家族構成、職業、学歴、収入など
利用状況	利用金額、利用回数、利用頻度、利用時期、利用目的、利用のきっかけ、支払方法、今後の利用意向など
決定要因	決定までの期間、利用決定に影響を与える人物、利用の際に重視するポイント（価格、ブランド、サポートなど）、比較検討した競合、団体や製品・サービスの認知経路など

　価値提供型NPOの場合、潜在的・顕在的な製品購入者やサービス利用者の実態について把握していきます。具体的には、市場規模や成長性、属性情報、利用状況、決定要因といった項目を分析します。これらの分析により、受益者の人物像や行動特性、ニーズや欲求、現状の満足度など、質的・量的な把握が可能になります。

　課題解決型NPOの場合も、同様に、活動の起点となる受益者のニーズや社会の抱える課題などの実態を把握していきます。各種文献や調査報告書、関係者に対するアンケートやインタビューなどにより、受益者に関する市場規模や今後の見通し、属性情報、利用状況、決定要因などを分析することで、受益者が何に困っているのか、なぜそのような状況になったのか、困った状況はどのくらいの量あるのか、困った状況がどのくらいの期間続いているのか、そのまま放っておくとどういう状況になるのか、といったことを明らかにしていきます。

　このように、受益者の実態を把握し、真のニーズを掘り起こすことは、裏返せば、NPOに求められていることは何か、NPOに期待されていることは何か、NPOがやるべきことは何か、ということを明らかにすることだと

いえます。NPOの新規立ち上げなど、特に新規に事業を開始する場合は、事業の対象となる受益者や地域、社会の実態を可能な限り正確に把握し、ニーズを見極める必要があります。また既存のNPOで事業を改善・拡大しようとする場合にも、時代の移り変わりとともに受益者の実態も変わっている可能性があるため、団体側で従来認識していたニーズが本当に正しいのかを適宜見直していく必要があるでしょう。

若者無業者（ニート）やひきこもりの自立支援を行う、NPO法人育て上げネットでは、2013年、立命館大学と協働で若年無業者2233人のデータを基に、その実態と社会経済構造分析の結果をまとめた『若年無業者白書〜その実態と社会経済構造分析〜』を刊行しています。その狙いは、個々の経験談やエピソードなどの主観で語られることが多かった若者自立支援において、客観的なデータ分析を基に若年無業者の自立に向けた支援を行っていくことにあります。育て上げネットにとっては、公になりにくかった若年無業者の過去と現在の姿を浮き彫りにし、やる気や意欲で語られがちな若年無業者の実態に基づいた支援方法を実施することができるとともに、行政をはじめとする様々なステークホルダーに対して、根拠となる数値データを提示しながら、団体の活動に対する理解や支援を深めていくことができるという意義があります。

NPOセクターでは、事実を裏付ける数値データの収集・分析が疎かになっており、実態やニーズを正確に把握しないままNPO側の想いありきで事業を行っているケースが散見されます。白書や実態調査報告書というかたちで活動分野における実態や受益者のニーズを客観的な見地から明らかにすることは、NPOにとっても、社会にとってもメリットをもたらします。曖昧な現状把握に基づいた、個々のステークホルダーの主観や想いによる施策が実施されることがなくなり、NPOの事業が社会課題の解決により直結したものになります。同時に、様々なステークホルダーに対して支援や協働を求める根拠も明確になり、金銭的支援であれ人的支援であれ、支援を行う側の納得度も高まるのです。

■支援者

ここでは、支援者の中でも寄付者の場合を取り上げて解説します。寄付者については、寄付の理由や動機、寄付先 NPO に対する期待、潜在的・顕在的な寄付市場規模、属性、寄付状況、寄付の決定要因などを把握していきます。

図表 2・5　支援者の分析項目（例：寄付者）

分類	項目
市場規模	潜在的な寄付市場の規模（人数、金額）、既存寄付者（人数、金額、資金源全体に占める構成比、時系列推移、リピート率、平均単価、平均寄付継続期間、リピート率、セグメント別／エリア別実績）など
属性情報	性別、年齢、居住地域、家族構成、職種、勤務・雇用形態、学歴、収入、ボランティアへの関心・経験の有無、ライフスタイル（エコ志向、社会貢献への興味関心など）など
寄付状況	寄付経験の有無、寄付分野、寄付金額（年間）、寄付回数、寄付方法（クレジットカード決済、銀行振込など）、他 NPO への寄付実績、今後の寄付意向など
決定要因	寄付した理由・動機・きっかけ、寄付の際に重視するポイント（情報開示度、知名度など）、寄付の妨げとなる要因、寄付先に要望すること（特典など）、寄付決定に影響を与える人物、比較検討した他 NPO、団体の認知経路など
その他	法人寄付（社会貢献活動の実績、担当部門、予算決定時期、稟議プロセスなど）

NPO 法人日本ファンドレイジング協会の『寄付白書 2013』によると、2012 年の個人寄付市場は 6931 億円（会費は別途 3227 億円）となっています。分野別にみると、宗教関連（2287 億円、構成比 33％）が最も多く、国際協力（665 億円、構成比 9.6％）、緊急災害支援（665 億円、構成比 9.6％）、教育・研究（587 億円、構成比 8.5％）がこれに次いでいます。

新規に寄付金を獲得しようとする場合は特に、こうした寄付市場全体の規模を抑え、活動分野別や活動地域別、さらには自団体のターゲット属性に応じた絞り込みを行うとともに、具体的なターゲット市場規模の算出とアプローチ方法の検討を行います。また、既存の寄付戦略をブラッシュアップする場合も、こうした寄付市場全体のデータを踏まえ、自団体で保有する既存の寄付者の実績データを様々な角度から分析し、人数、金額、単価、継続期間、リピート率などがどのように推移しているのかを時系列で確認していきます。その上で、どこにチャンスやリスクがあり、どのよう

な対策を講じるべきかを検討していきます。

■協働パートナー

社会に存在する様々な課題は、長い期間を経て、複数の利害関係が複雑に絡まりながら存在しているものが大半でしょう。このため、NPOがカバーすべき範囲も広範にわたり、高い専門性も必要とされるため、1団体だけでこれらの社会課題を解決するのには到底限界があります。

こうした状況を踏まえ、NPOは、行政、企業、同じ地域や分野で活動する他のNPOなどの動きに目を光らせ、協働しながら社会の課題を解決していかなければなりません。特に、取り組む社会課題やテーマが大きければ大きいほど、これらの協働パートナーと連携し、一刻も早く解決していくべきでしょう。中でも、他のNPOの場合は、サービス利用者や支援者などを奪い合う"競合"でもありますが、社会課題の解決に向けた協働のパートナーにもなりうることを常に意識しながら活動を行っていきます。

協働パートナーの選定にあたっては、協働先の理念・目的・狙い・ビジョン・ニーズ、直近の重点取り組み事項、具体的な達成目標や成果などを押さえた上で、組織規模、組織体制、組織文化、代表者のタイプ、組織設立経緯、キーマン、担当者の権限範囲、意思決定プロセス、予算規模、決済のタイミングなどを把握していきます。

■競合

競合の分析は、基本的には自団体の内部環境分析と同じ項目を使用し、自団体と比較しながら分析を行っていきます。競合の対象は、同じ地域で、かつ同じ分野で活動するNPOが直接的な対象として挙げられますが、高齢者のケアサービスや教育分野における企業の存在など、競合の対象はNPOだけでなく、企業や行政など広く設定する必要があります。

NPOにおいては、競合の意味合いを広げ、他団体の優れた経営手法や戦略を調べ、自団体のやり方との違いを比較・分析し、それに基づいて自団体のやり方を改善したり、経営方針を決定するという、"ベンチマーク"先として設定するべきです。例えば、同じ地域や活動分野であることにこだ

わらず、ファンドレイジング手法、イベント企画、インターネットの活用方法、ボランティアのマネジメントなど、個々の取り組みレベルでベンチマーク先を設定することにより、自団体だけでは思いつかなかったような取り組みや手法などのノウハウを得ることにも繋がります。この考え方をさらに拡大して、団体の規模や営利・非営利、国内・外の別を問わず、広く模範となるベンチマーク先を設定することで、団体のマーケティング施策をより洗練されたものにすることが可能になります。

同じ分野、同じ地域で活動する競合NPO

地域、分野を問わず、取り組みが高い評価を得ているNPO

営利／非営利、国内／外を問わず、模範となるような組織

競合NPO
模範となるNPO
あらゆる組織

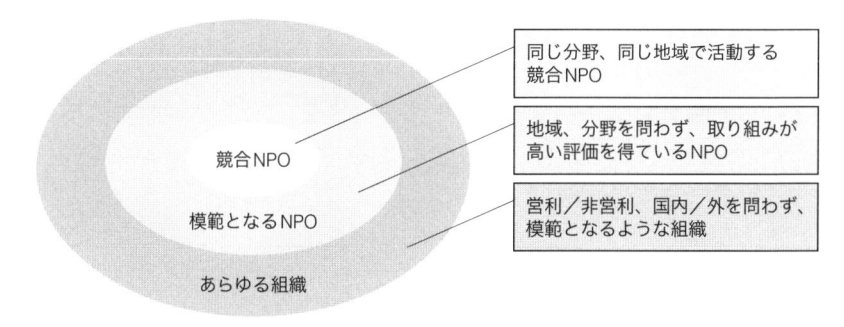

図表2・6　競合とベンチマーク

　競合の設定を行う際には、競合を自団体との関係性の距離によってレベル分けし、どのレベルまでを競合として位置づけるかを団体内で決定していきます。図表2・7のとおり、例えば、カンボジアで児童労働問題撲滅に取り組む国際協力NGOが寄付を獲得する場合の競合設定を考えてみましょう。まず、カンボジアで同じ児童労働問題に取り組むNGOが直接的な競合として位置づけられます。次に、児童労働に限らず、公衆衛生や環境保護、貧困撲滅など、広く途上国の開発支援を行うNGOが競合となるでしょう。さらに、文化交流など開発支援ではない活動をカンボジアで行う団体や、カンボジアという地域や活動分野を超えてNGO全体まで競合対象を広げて考えることができます。こうしたNGOを前提とした競合に寄付者の視点を加えるとさらに競合の対象は広がっていきます。つまり、寄付という行為はお金の使い方の1つに過ぎず、映画鑑賞、食事、旅行、ショ

ッピングなど、他のお金の使い方までもが競合として位置づけられるということです。競合レベルの設定にあたり、どのレベルまでを競合として位置づけるかは団体内で適宜決定していくことになります。

カンボジアで児童労働問題に取り組む国際NGOの寄付獲得の場合

お金の使い方

NGO全体

カンボジアで活動するNGO

途上国支援のNGO

児童労働分野のNGO

図表2・7　競合レベルの設定（例）

　また、具体的に競合を設定したら、定性・定量的に自団体と競合との比較分析を行います。競合との比較を行う方法としては、表形式で比較したり、ポジショニング・マップ（第4講）で競合と自団体の相対的な位置づけを比較するという方法があります。

　図表2・8は、福岡県を拠点に、家族と暮らせない子どもたちを家庭環境で養育する、NPO法人SOS子どもの村JAPANの個人寄付獲得に向けた競合比較表です。自らがオーストリアに本部を置く国際NGO、SOS子どもの村の一員であることから、日本国内で活動する他の国際NGOをベンチマーク先として設定しています。具体的な比較調査項目としては、組織の形態や収入における寄付金の内訳、寄付金の支払い方法、寄付獲得に向けた施策などで、自団体と他団体の取り組み状況を比較することにより、今後取り組むべきマーケティング施策の取捨選択や優先順位付けを行うことができます。

　繰り返しになりますが、競合は、お手本となるベンチマーク先にも、社

図表 2・8　SOS 子どもの村 JAPAN の競合比較表

		SOS 子どもの村 JAPAN	国際協力 NGO ①	国際協力 NGO ②	国際協力 NGO ③	国際協力 NGO ④
法人形態		認定 NPO 法人	公益財団法人	認定 NPO 法人	公益財団法人	公益社団法人
収入(万円)		1億5400	162億1100	59億8200	30億3300	29億9200
うち寄付・会費収入		8100	151億3800	47億6300	29億8900	24億2600
収入に占める寄付比率		53%	93%	80%	99%	81%
【参考】広報・広告費(万円)		700	5億	4億1200	2億5300	2億700
総収入に対する比率		4.4%	3.1%	6.9%	8.4%	6.9%
寄付プログラム	<継続支援> ・対象事業 ・金額 ・支援者へのサービスなど	<支援メニュー①> ・金額自由 ・ニュースレター（年4回） ・支援会員感謝の会	<支援メニュー①> ・金額自由 ・機関誌（年4回）	<支援メニュー①> ・地域開発事業（10〜15年） ・4500円／月 ・特定の子どもとの交流（文通、写真、成長報告など） ・プロジェクト報告書 ・年次報告書、ニュースレター（年4回） ・現地訪問ツアー <支援メニュー②> ・1000円以上／月 ・事業指定不可	<支援メニュー①> ・地域開発事業 ・3000円、4000円、5000円／月から選択 ・特定の子どもとの交流（文通、写真、成長報告など） ・年次報告書 ・現地訪問ツアー <支援メニュー②> ・特定の学校支援事業 ・学校との交流（手紙、写真など） ・現地訪問 <支援メニュー③> ・ストリートチルドレン、虐待、HIV/AIDSなど、5つのテーマに沿った10〜15の事業（ただし、特定テーマや事業の指定不可） ・1000円／月以上（一口1000円） ・活動報告書（年2回） ・現地訪問（事業指定可）	<支援メニュー①> ・1500円以上／月 ・事業指定不可 ・年次報告書、ニュースレター
	<単発支援> ・対象事業 ・金額 ・支援者へのサービスなど	<支援メニュー①> ・活動全般 ・金額自由	<支援メニュー①> ・活動全般 ・金額自由 <支援メニュー②> ・いくつかのテーマや事業から指定可 ・金額自由 <支援メニュー③> ・いくつかのテーマや事業から指定可 ・金額自由	<支援メニュー①> ・緊急人道支援、食糧支援、その他 ・金額自由 ・活動報告書 <支援メニュー②> ・いくつかの事業から選んだ1つの事業を1人（or 1グループ or 1社）で支援 ・プロジェクト報告書	<支援メニュー①> ・災害、紛争時の支援 ・金額自由 ・活動報告書（年1回） <支援メニュー②> ・いくつかの事業の中から選択 ・金額、回数自由 ・活動報告書（年1回） <支援メニュー③> ・いくつかの事業から選んだ1つの事業を1人（or 1グループ or 1社）で支援 ・プロジェクト報告書	
	その他	・自動販売機（寄付付商品）	・募金箱（サークルK、ロイヤルホストほか） ・企業との連携	・募金箱（デイリーヤマザキ） ・ラブケーキ ・ヤフーネット募金（壁紙） ・企業との連携	・企業との連携 ・特定テーマへの寄付	・募金箱（ファミリーマート） ・Famiポート（端末） ・ヤフーチャリティーショッピング ・ヤフーネット募金（壁紙） ・企業との連携
寄付金支払方法	口座振替	○	○	○	○	○
	ネットバンキング	△	申込が同時に可能	×	×	楽天銀行のみ手数料無料
	クレジットカード	×	フルラインナップ	フルラインナップ	フルラインナップ	フルラインナップ／3000円以上
	コンビニ決済	×	○	コンビニエンスストア	○	×
WEB活用	動画	×	○	○	○	○
	Facebook	○	○	○	○	○
	Twitter	○	○	○	○	○
	メールマガジン配信	×	○	○	○	○
	WEBによる入会手続	△	○	○	○	○

注1：広報・広告費に啓発や刊行物の費用を含むかなど、費用の内訳は各団体により異なる
　2：2013年7月時点の情報

会における課題を共に解決していく潜在的な協働パートナーにもなりうることを忘れてはなりません。

■マクロ環境分析

　マクロ環境分析とは、政治（Political）、経済（Economical）、社会（Social）、技術（Technological）の切り口で社会の動向を分析するもので、それぞれの頭文字をとってPEST分析とも呼ばれます。民主党政権時代の「新しい公共」宣言、新寄付税制と改正NPO法、休眠口座の活用、「アベノミクス」による経済政策、国際協力分野における為替の影響、超高齢化社会の到来や少子化の影響、ワークライフバランスによる働き方の変革、シニアのボランティア参加、ソーシャルメディアを活用した市民・消費者の情報発信、インターネットを活用した寄付手法の拡大など、NPOに影響を与える社会全般の動向を日々収集し、自団体に対するポジティブ・ネガティブな影響を分析していきます。

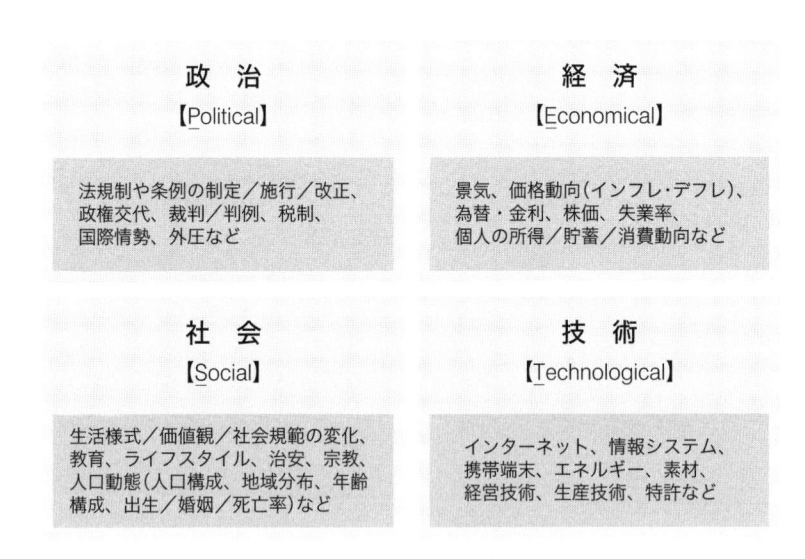

政　治【Political】	経　済【Economical】
法規制や条例の制定／施行／改正、政権交代、裁判／判例、税制、国際情勢、外圧など	景気、価格動向（インフレ・デフレ）、為替・金利、株価、失業率、個人の所得／貯蓄／消費動向など
社　会【Social】	技　術【Technological】
生活様式／価値観／社会規範の変化、教育、ライフスタイル、治安、宗教、人口動態（人口構成、地域分布、年齢構成、出生／婚姻／死亡率）など	インターネット、情報システム、携帯端末、エネルギー、素材、経営技術、生産技術、特許など

図表2・9　マクロ環境分析の項目

　PEST分析で収集する情報は時事に関することが多いため、情報が必要になって初めて収集をするのではなく、常日頃から新聞やニュースなどの

情報に接し、アップデートしておかなければなりません。また、収集する情報量も膨大なため、インターネットやスマートフォンなどの携帯端末を積極的に活用するなど、情報収集の効率を上げるための工夫が必要でしょう。

3 ｜ステークホルダーの見極め

　環境分析の切り口として、自団体、受益者、支援者、協働パートナー、競合という5つの分類を紹介しましたが、より実務的に自団体の強みと弱みを見極め、市場に存在するチャンスやリスクを把握していくためには、実在する具体的なステークホルダーを当てはめて分析を行う必要があります。

　前述のとおり、NPOは取り組む社会課題の複雑さのため、ステークホルダーを多く抱えています。一般市民（地域住民）、政府、省庁、政党、議員、海外の政府、海外の市民、国際機関、自治体、企業、業界団体、研究機関、研究者・学者、学術機関、学校、商工会、町内会、自治会、商店街、メディア、自団体（スタッフや理事など）、受益者（本人やその家族など）、支援者（会員、寄付者、ボランティアなど）、他のNPOなど、広範囲にわたってステークホルダーが存在しています。したがって、環境分析を行う際には、これら複数のステークホルダーが持つ利害関係やニーズを把握してから、自団体にとってのチャンスやリスクを見極めていくことになります。

　自団体の活動に関係すると想定されるステークホルダーは、ヌケやモレなく洗い出していきます。そして、それぞれのステークホルダーがどのようなニーズを持っているか、マーケティング施策を実施することによってどのような影響を受ける可能性があるのかを明らかにしていきます。この作業を行う中で、施策の影響範囲を見誤ってしまい、重要なステークホルダーを見落としたり、ニーズの見極めを間違ったりすると、ターゲット設定やマーケティング施策の企画立案など、以降のフェーズ全てに影響を及ぼすことになるため、細心の注意を払わなければなりません。

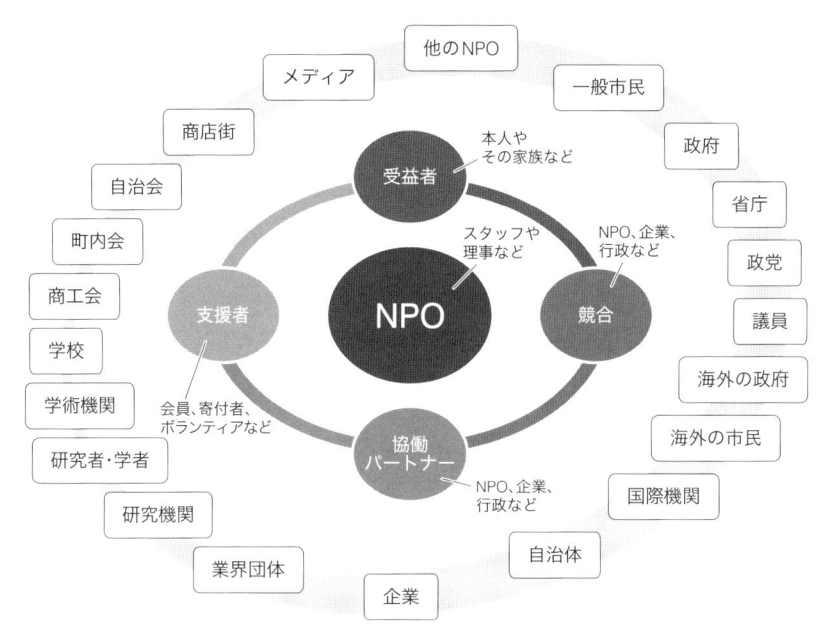

図表 2・10　NPO を取り巻くステークホルダー

4 ｜環境分析を行う際の留意点

　マーケティング環境分析は、進むべき方向性や方針を見極め、以降のマーケティング・プロセスの起点になる極めて重要なフェーズです。このフェーズで間違った分析を行うと、結果として、間違った事業を実施してしまうことになりかねません。以下の 6 つのポイントに留意しながら、根拠や客観性のある分析を行っていきましょう。

1 ヌケやモレ、偏りがないように様々な情報ソースをあたる

　情報を洗い出す際には、ヌケやモレ、偏りがないように様々な情報ソースをあたります。収集した情報にヌケやモレ、偏りがあると、それに基づいて立案したマーケティング施策も間違ったものになります。団体スタッフのみならず、理事やボランティアなども含め、複数で取り組むことによ

り、そのリスクを軽減することができます。

② 課題の真因を掘り下げるため、事実を基に客観的に分析する

　課題の実態を把握しニーズを見極めるために、一歩引いたところから客観的に分析を行います。NPOでは、一部の人の思いつきや思い込みにより、間違った判断を下してしまうケースが多々ありますが、この点についても、複数で取り組むことにより、主観的・独善的な意思決定が行われるのを防止することができます。

③ 可能な限り、客観的に判断できる数値データで示す

　英語が世界の共通言語と言われるように、数値データは組織運営の共通言語といっても過言ではありません。多い・少ない、増えた・減ったなど、個人の受け止め方や主観・価値観により異なる尺度ではなく、具体的な数値（会員100人獲得、寄付金1000万円目標、前年比20%UPなど）で語ることにより、関係者全員の間で曖昧さを排除し、明確な共通認識を持つことができます。また、数値データを基にしたコミュニケーションは、団体内のみならず、受益者や支援者など団体外部に対する説得力を高めるためにも不可欠なものです。

④ 分析項目を影響度合いや時間軸などに応じて分類する

　情報を収集することだけに気を取られ、単なる事実を羅列するのではなく、収集した情報が団体にとってポジティブな影響を持つものなのか、ネガティブな影響を持つものなのか、短期的もしくは長期的に影響のあるものなのかなどを見極め、団体として対応するべき優先順位が付けられるようにします。

⑤ 過去の実績や競合と比較することで情報に意味を持たせる

　収集した情報は何かと比較することで相対的な位置づけが明確になり、

情報としての意味を持ちます。このことを踏まえ、団体の過去の実績を時系列で比較したり、競合のサービス内容と比較するなどして、情報の持つ意味をより明確にします。

6 施策の方向性や方針を導く流れがロジカルか確認する

　環境分析から導かれたマーケティング施策の方向性や方針は、情報収集し、分析を行った結果を総合的に判断し、ロジカルに導かれたものでなければなりません。結論ありきや施策ありきとなったり、分析した内容と違う方向性や方針が導かれていたりすることのないよう団体内でしっかり合意形成を行います。

　マーケティング環境分析に必要となる団体内外のデータは、必要に迫られてゼロから収集すると莫大な時間がかかります。日々の組織運営の中で迅速な意思決定を行うためにも、効率よく情報収集や分析をし、団体関係者間で共有する仕組みを構築しておきましょう。

第3講 ターゲット設定

　団体で認識している課題を掘り下げるための情報収集と環境分析を行い、団体が取るべき方向性を見極めた上で、具体的なターゲットを設定していきます。ターゲット設定は大きく、セグメンテーション（市場細分化）とターゲティング、ペルソナ設定という3つの作業に分解できます。

　受益者向けであれ支援者向けであれ、セグメンテーションは対象とするターゲットを絞り込むために特定の切り口（軸）で市場を細かくグループに分けていく作業です。ターゲティングは、細分化したグループの中から自団体の強みや弱み、保有する団体の経営リソース、ターゲットの市場規模などを踏まえ、アプローチするべき特定のグループを決定する作業です。また、こうしたターゲット設定作業の効率や精度を高めるためにも、常日頃から受益者や支援者に関する個人情報の収集と収集項目の精査を行うことが重要です。

　ターゲットは単なるスローガンではなく、提供する製品やサービス、支援メニューのコンセプト、コミュニケーション方法や価格設定など、設定したターゲットに即したマーケティング施策に結びつけなければ意味がありません。NPOにおいては、ターゲットを決定する行為そのものに自己満足しているケースや、ターゲットを設定していると言いながら実際の活動が全くターゲットを意識したものになっていなかったりするケースが多々見受けられます。こうした状況に陥るのを避けるためにも、ターゲットを具現化した象徴的な人物像である「ペルソナ」を設定し、具体的なマーケティング施策にまで落とし込んでいきます。

1 ｜ターゲットを設定する理由

　NPOセクターにおいても、「団体のターゲットは誰か？」といった会話が行われることがありますが、そもそもなぜターゲットを設定しなければならないのでしょうか？　ターゲットを絞り込むということは、特に寄付者や会員などの支援者獲得においては、対象を狭めることであるため、自ら潜在的な支援者の数を減らしているような気にさえなります。確かにこの考え方には一理あるかもしれませんが、実際にはターゲットを設定することのメリットの方が大きいのです。その理由は以下のとおりです。

①団体全体のゴールが明確になり、意識統一が図れる
　誰を対象に、どのような内容の事業を、どの程度まで行うのかが明確になるため、団体の向かう方向性や方針の意識統一が図れます。

②資金や人材など、効率的な経営リソースの配分が可能になる
　団体の向かう方向性や方針が明確になるため、人、モノ、金、情報、時間といった経営リソースを適切に配分できるようになります。

③提供する製品やサービス、支援メニューが明確になる
　提供する製品やサービス、支援メニューの対象が絞り込まれているため、その対象のニーズにあったコンセプト作り、価格設定、コミュニケーション方法、提供手段などが明確になります。

④受け手側で「誰に向けられたものか」が理解しやすくなる
　情報が氾濫する中、情報の受け手側からすると、その情報が自分に向けて発せられたものかどうかが認識しやすくなり、結果として反応してもらいやすくなります。

⑤ターゲットを絞ることにより、他のNPOとの競争減少や協働に繋がる
　事業の対象（人や地域など）を限定するため、専門性やノウハウが蓄積されやすくなり、競合に対する優位性を確立できたり、逆に、潜在的なパートナーとの協働に繋がる可能性があります。

　このようにターゲット設定を行うことは、自団体にとっても対象者にと

ってもプラスの効果をもたらします。万人に対して、漫然と製品やサービスを提供したり、支援を働きかけても、伝えたいポイントが曖昧で誰にも振り向いてもらえないものになってしまいます。逆に対象を絞り込むことにより、訴求するポイントが明確となり、対象者の反応が高まっていくのです。

2 ｜ ターゲットを設定する対象

　ターゲットを設定する際には、まず受益者と支援者のどちらに向けたものなのかを決定します。受益者の場合、新規事業に対するターゲットなのか、既存事業を拡大するためのターゲットなのかに大別されます。支援者の場合は、新規に獲得する支援者のターゲットなのか、それとも既存支援者のうち、更なる寄付の増額などを依頼するターゲットなのかといったことを検討していきます。

1 受益者ターゲットを設定する場合

　価値提供型NPOにおいて、例えば、障害者による酵母パンの製造販売を新規に開始する場合や、芸術を通じたまちづくりを行うためにギャラリーの運営を開始する場合などは、文献調査やアンケート調査を含む市場調査を行い、主たる顧客となりうるターゲットの居住地域や性別、年代、興味関心などを把握していきます。一方、既存顧客に対して更なる製品の購入やサービスの利用を促す場合は、既存の顧客データベースを主に活用しながら、特別割引や優待などの訴求内容によってターゲットを絞り込んでいくことになります。また、既存顧客のデータベースから見込みの高そうな顧客層の属性を明らかにして、新規獲得に向けたアプローチを検討していくということも可能です。

　課題解決型NPOの場合も、市場全体の規模を押さえ、具体的にどのような対象（特定の地域や年代など）をターゲットとするのかを決定していき

ます。例えば、国際協力分野で活動の対象国を決めたり、女性や子どもなどの具体的な対象者を決めたりする作業がこれにあたります。また、既存の受益者に対しては、提供するサービスを追加する場合など、必要に応じてターゲットを絞り込んでいきます。

② 支援者ターゲットを設定する場合

　支援者の中でも寄付を例にとると、新規に寄付者の獲得を行う場合は、前出の『寄付白書』や人口統計データなどを活用してターゲットを設定していきます。

　一方、既に寄付者の獲得を行っている NPO の場合は、既存の寄付者から更なる寄付を獲得したり、新規に寄付者を獲得したりするために、既存の寄付者に関するデータベースの分析を行い、その中から適切な寄付者層を抽出してアプローチしていきます。例えば、新規に寄付者の獲得キャンペーンを実施する場合に、過去 3 年の間に一度でも寄付をしたことがある人や団体主催のイベントに参加したことはあるが寄付をしたことのない人などを具体的なターゲットとして設定し、寄付をお願いするダイレクトメールを出すといったアプローチ方法があるでしょう。

3 ｜ セグメンテーション

　セグメンテーションは市場細分化とも呼ばれますが、市場を細かくグループに分ける作業を指します。市場を細かく切り分けることで、市場がどのような要素で構成されているかを俯瞰することができます。また、類似の特徴やニーズをもった顧客をいくつかのグループに分けられるため、顧客に対する理解を深めることにも繋がるのです。前述のとおり、万人向けのマーケティング施策は団体にとっても対象にとっても効果効率が悪いため、性別、年代、居住地域、興味関心などの特性に応じてマーケティング施策を組み立てる必要があります。市場を細分化した上で、自団体の強み

や弱み、保有する団体の経営リソース、既存の受益者・支援者の属性、現在の主たるターゲット市場の将来性、新規参入を行う市場の魅力度などを考慮に入れながら、どの市場をターゲットとして位置づけるかを決定していきます。

1 主要なセグメンテーション変数

セグメンテーションは、一般的に、地理的変数、人口統計的変数、心理的変数、行動的変数とうい4つの切り口（変数）に基づいて実施します。

図表3・1　主要なセグメンテーション変数

変数	セグメント（例）	典型的な区分(例)
地理的変数	地域 都市規模 人口密度 最寄駅 郵便番号 気候	関東、関西、九州、東京、品川区 5000人未満、30万人以上 都市部、郊外、地方 新宿駅、博多駅 〒100-0014、〒040-0001 北部／南部、暖かい／寒い
人口統計的変数	年齢 性別 家族数 未既婚 所得 職業 学歴 宗教 人種	6歳未満、20代、65歳以上 男性、女性 1〜2人、3〜4人、5人以上 独身、既婚 300万円以下、500万円〜799万円、1000万円以上 会社員、公務員、販売職、管理職、自営業、主婦、学生 高校卒、大学卒、大学中退 キリスト教、イスラム教、ヒンズー教、仏教、曹洞宗、真言宗 白人、黒人、黄色人種、西洋人、東洋人、アジア人
心理的変数	ライフスタイル 性格	スポーツ好き、エコ志向、アウトドア志向、健康志向 社交的、保守的、権威主義的
行動的変数	選択基準（重視点） 状態 準備段階 利用量 利用金額 利用頻度 利用回数	知名度、信頼性、ブランド、品質、料金、迅速性、サポート 非利用者、旧利用者、潜在的利用者、初回利用者、定期的利用者 無知、知っている、興味あり、意志あり スモール（少量）、ミディアム（中程度）、ラージ（大量） なし、3万円以上、10万円以下 定期的／一時的、月3回以上／年10回以下 3回以上、10回以下

■地理的変数

国、都道府県、市区町村などをはじめ、規模、人口密度、郵便番号、最寄り駅など、地理的な要素に基づいた変数です。例えば、まちおこしの一環として観光客を誘致する活動に取り組むNPOでは、実際に観光客がど

の地域から訪れているのかを把握するために必要となる変数でしょう。この他、細分化されるグループの特徴が地理的な要因に大きく影響を受ける場合には有益な変数となります。

■人口統計的変数

年齢や性別、家族数、未既婚、所得、職業、学歴など、一般的なアンケートや調査などにおいても頻繁に使用されている変数です。例えば、子ども向けに活動を行うNPOでは、その子どもの家庭がどのような構成になっているのかを把握する必要があるでしょう。また、寄付者を獲得する際には、所得や職業、学歴などの変数によるグループ化が有益です。

■心理的変数

個人のニーズの多様化や個別化により、昨今では、個人の価値観やライフスタイル、性格、趣味嗜好などによって細分化する心理的変数が重視されるようになっています。例えばスポーツの普及に取り組むNPOが健康志向という価値観を持った潜在的な受益者をターゲットにするケースなどが挙げられます。

■行動的変数

心理的変数よりもさらに具体的な情報を用いたセグメンテーションで、行動に関する頻度、選択基準、状態、準備段階などの変数があります。例えば、寄付者を獲得する場合、寄付金額や頻度、寄付の際に重視するポイントなどでグループを分けることができます。また、過去に一度も寄付をしたことがない「非寄付者」、過去に寄付したことがある「旧寄付者」、寄付する可能性がある「潜在的寄付者」、初めて寄付をした「初回寄付者」、定期的に寄付している「定期的寄付者」など、寄付の状態に応じてグループを分け、ターゲットとする特定のグループだけを抽出してアプローチしたり、全てのグループを対象としながら、それぞれのグループごとに寄付を依頼するダイレクトメールの文面を変えて反応をみるなどの活用が可能となります。

また、昨今では、インターネットのテクノロジーを活用してWEBユーザ

ーのサイト閲覧などの行動履歴を把握することが可能になっています。図表3・2は、医療・人道援助を行っている国際NGOの認定NPO法人国境なき医師団日本による行動ターゲティング広告の活用事例です。同団体の特定のWEBページを閲覧したという行動履歴データが専用サーバーに蓄積され、提携ネットワーク内の他サイトを訪問した際に、同団体に対する寄付などの支援を依頼する広告バナーが表示されるという仕組みです。

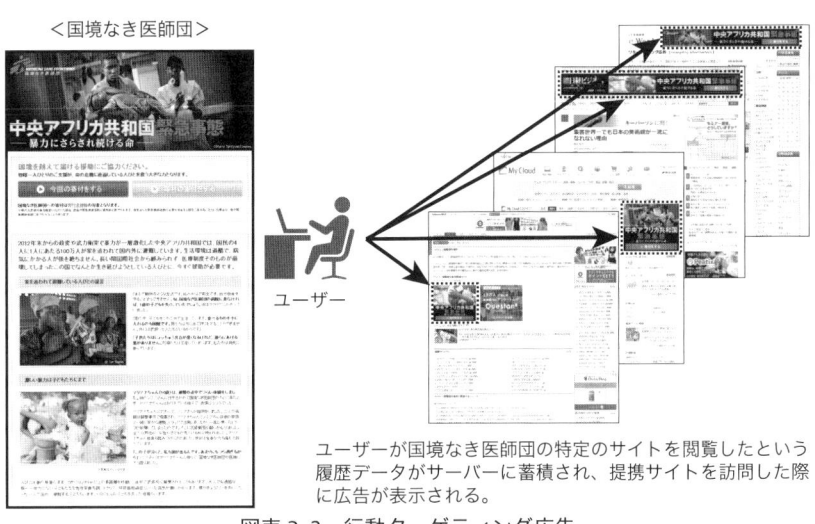

ユーザーが国境なき医師団の特定のサイトを閲覧したという履歴データがサーバーに蓄積され、提携サイトを訪問した際に広告が表示される。

図表3・2　行動ターゲティング広告

2 セグメンテーションの留意点

　セグメンテーションを行う際には、各変数を単体で使用するのではなく、4つの変数を適宜組み合わせて使います。例えば、「20歳代」「女性」というように地理的変数や人口統計的変数が同じグループであっても、同じような行動をとるとは限りません。したがって、これらの変数だけを単独で使用するのではなく、心理的変数や行動的変数を組み合わせて使うことで細分化したグループ内の対象者の近似性を高めていきます。つまり、「20歳代」「女性」に「エコに興味あり」「環境配慮型商品の購入総額2万円以上」といった属性を組み合わせることにより対象者の近似性は高くなるた

め、提供する製品やサービスをグループごとに変えたり、アプローチ方法を変えたりといったマーケティング施策が可能になるのです。

　2つ目として、セグメンテーションは、単に市場を細かく分けるだけの作業ではなく、自団体にとって意味がある細分化の軸や切り口を発見しなければなりません。このため、後述するように、受益者や支援者のどのような個人情報を収集するのが団体にとって意味があるのかをあらかじめ設計しておく必要があります。

　3つ目は、個々のセグメントに対してメッセージを届けたり、アクセスすることが可能かどうかの見極めが必要だということです。例えば、寄付を獲得する場合に、「富裕層をターゲットとする」と言うことがありますが、「富裕層」という漠然とした属性では実際にアプローチすることができません。この場合、「年収が2000万円以上」「高級住宅地に住んでいる」「職業が医者」などの客観的な属性を代用していきます。なお、子どものいじめやドメスティック・バイオレンスの防止など、受益者がどこにいるか把握できないため、セグメンテーション自体が無効なケースもあります。

　最後が、セグメントを細かく分け過ぎないということです。細かく分け過ぎることで、1つのセグメントにおけるターゲット数が少なくなるため、製品やサービスの提供に見合う収益が期待できなくなり、事業として成立しなくなる可能性があります。また、細かく分け過ぎると、運営作業や管理も複雑になってしまいます。

4 ｜ ターゲティング

　セグメンテーションで細分化したグループ（セグメント）の中から、自団体の強みや弱み、保有する団体の経営リソース、ターゲットの市場規模などを踏まえ、具体的にアプローチするターゲットを決定していく作業がターゲティングです。

1 NPOにおけるターゲティングの判断基準

　一般的に企業では、「セグメントの魅力度」と「自社の必要条件」に応じてターゲットを決定していきます。セグメントの魅力度とは、セグメントの規模・安定性・成長性・収益性、セグメントの支払い能力の高さ、競合の少なさ、規模の経済と経験曲線の効果などを指します。また、自社の必要条件は、技術、設備、流通チャネル、人材など、保有する経営リソースをフルに活用し、競合企業に対して優位性を保てるかどうかということです。具体的には、価格競争力、品質、収益性などに表れます。

　NPOの場合は、受益者と支援者に分けてターゲティングを検討していきます。受益者のターゲティングにおいて、価値提供型NPOでは、社会に対して新しい価値を提供するような製品やサービスを取り扱うため、長期的には1人でも多くの人に購入・利用してもらうことが前提ではあるものの、企業と同様に、短期的には経済的な価値であるセグメントの規模や成長性、収益性などの「セグメントの魅力度」が大きなウェイトを占めるでしょう。これに対して課題解決型NPOでは、セグメントの魅力度というよりも、「課題の重要性」がターゲット決定の判断基準となります。課題の重要性は、言い換えると、今すぐに対応しなければならない緊急性、従来にない新しい取り組みである先駆性、他の地域にも広がりを持つ波及性があるかということです。価値提供型・課題解決型に共通で、「自団体の必要条件」は、ミッションとの整合性、活動への共感、社会に対する信頼性・知名度・実績、受益者に対する知識や専門性の深さ・技術力の高さ、団体の強みが活かせることなどが挙げられます。

　また、価値提供型・課題解決型を問わず、寄付者や会員などの支援者を獲得する際のターゲット選定基準は、セグメントの経済的魅力度となるでしょう。支援金額の多寡に優劣はなく、1人1人の市民の社会参画と自律・自立を促すというNPOの役割からすると、経済的な魅力度だけを重視するべきではありませんが、活動資金の獲得効率、団体の安定的な運営、事業の規模拡大と社会課題の解決スピードUPなどの観点から、まずは経済

的な魅力度に優先順位をおくべきです。具体的には、寄付の場合であれば、寄付市場におけるセグメントの規模・安定性・成長性・収益性、高額寄付セグメント、競合の少なさなどが挙げられます。また、自団体の必要条件は、受益者向けと同様、ミッションとの整合性、活動への共感、社会に対する信頼性・知名度・実績、支援者に対する知識や専門性の深さ、団体の強みが活かせることなどとなります。

② 海外でボランティア事業を行うNGOのターゲティング事例

図表3・3は、主に海外でボランティア事業を行う、NPO法人NICE（日本国際ワークキャンプセンター）、NPO法人アクション、NPO法人ケアリングフォーザフューチャーファンデーションジャパン（CFF）の3団体のターゲットを比較したものです。ここでは、対象を「個人」と「団体」（企業、学校、行政、学生団体など）の2つに、事業を「ワークキャンプ」「スタディツアー」「ボランティア（1ヶ月～1年程度の中長期間）」という3

図表3・3　ボランティア事業を行うNGOのターゲティング（例）

		NICE 個人	NICE 団体	ACTION 個人	ACTION 団体	CFF 個人	CFF 団体
ワークキャンプ	国際	●	●	●	●		
	国内	●	●				
スタディツアー	国際			●	●	●	●
	国内						
ボランティア	国際	●					
	国内	●					

■ NICE ：国際ワークキャンプ（1週間～1ヶ月、95ヶ国／約3000ヶ所）
　　　　　国内国際ワークキャンプ（1週間～1ヶ月、80プログラム）
　　　　　国際ボランティア（31日以上～1年程度、45ヶ国／約600ヶ所）
　　　　　国内ボランティア（31日以上～1年程度、46プログラム）
■ ACTION ：フィリピン1ヶ国のみ活動
　　　　　国際ワークキャンプ（10日間／20日間）、国際スタディツアー（5日間）
■ CFF ：フィリピン・マレーシア・ミャンマーの3ヶ国で活動
　　　　　国際ワークキャンプ（12日間）、国際スタディツアー（9日間）
　　　　　※団体は、高校や大学などの教育機関が対象

注：2014年4月現在

つに分類しています。事業はさらに「国際」と「国内」に分けています。つまり、セグメント数は合計12ということになります。

例えば、NICEでは、個人と団体の両方の対象に対してワークキャンプ事業を、個人に対してボランティア事業を展開しています。アクションでは、フィリピンにおいて個人と法人を対象としたワークキャンプとスタディツアーを提供し、CFFでは、フィリピンとマレーシア、ミャンマーの3ヶ国で個人に対するワークキャンプとスタディツアーを提供しています。各団体のミッションによって、それぞれターゲットとしている対象（人や地域）も提供している事業も異なっています。

受益者の側からこの3団体をみた場合、1年間大学を休学して住み込みながらボランティア体験をしたい学生はNICEを選択するでしょう。また、企業が従業員向け研修プログラムとしてワークキャンプに参加する場合はNICEやアクションと提携することになるでしょう。スタディツアーの場合、選択肢はアクションとCFFということになりますが、マレーシアやミャンマーに興味がある個人はCFFを、時間に余裕がなく、まずは短期間でアジアの貧困地域の様子を知りたいという場合はアクションを選択する可能性があります。

前述のとおり、価値提供型NPOの場合は「セグメントの魅力度」と「自団体の必要条件」、課題解決型NPOの場合は「課題の重要性」と「自団体の必要条件」に基づいてどのようなセグメントをターゲットとして設定するかを判断していきます。企業と違ってNPOはいたずらに規模を追い求める必要性はなく、常にミッションに照らし合わせながら、自団体の強みや弱み、保有する団体の経営リソース、ターゲットの市場規模などに基づいて最適な規模を追求していくのが妥当な判断だといえます。

③ 市場規模の把握

ターゲットを決定する際の重要な作業として、市場規模の把握があります。市場規模は、価値提供型NPOの場合は提供する製品の売上やサービ

スの利用に直結しますし、課題解決型NPOにおいても、社会課題の深刻度や対象範囲（人や地域）の広さなどを意味するため、事業の優先順位を付けるためにも非常に重要な要素です。

　市場規模を把握するためには、まずは、官公庁や調査会社などが発表する各種統計データや調査データなどの2次データを活用します。人口動態調査、国勢調査、家計調査や消費動向調査などを活用し、対象となる活動分野の市場全体の規模感（人数や金額など）やそれを細分化した個々のセグメントごとの市場規模を把握していきます。2次データで把握できない場合は、個別のアンケート調査やインタビューなどの1次データの収集により、よりピンポイントで精度の高い市場規模の予測を行うことができます。

　製品やサービスの売上市場規模を算出する場合は、大まかにいうと、購入・利用する見込み者数に販売単価を掛け合わせたものが市場全体の規模となります。さらに、性別、年齢、地域などの属性情報を加味することで、セグメントごとのより具体的な市場規模を算出することができます。市場規模は、正確であるに越したことはありませんが、大まかな規模感を掴むだけでも、事業の展開にどのくらいの経営リソースが必要になるのかを把握することができます。

　市場規模の把握は、寄付者や会員など、支援者の獲得においても重要です。昨今、使途の自由度が高いという理由だけで寄付を集めたいというNPOが増えていますが、寄付市場の規模を把握せずに想いだけが先行しているケースが散見されます。前述の『寄付白書』では、日本国内の個人、法人の寄付と会費の市場全体の規模が推計されており、さらに活動分野や性別、年代をはじめ、様々な切り口で寄付市場の実態が明らかにされています。寄付を集めようというNPOは少なくともこうしたデータを参照し、寄付市場全体と、自団体の活動分野や活動地域、活動対象に関するセグメントごとの市場規模をきちんと把握した上で、本当に寄付獲得という手段が自団体にとって意味があるのかを判断しなければなりません。

　このように、市場全体の規模と個々のセグメントごとの規模を算出し、

自団体としてどのセグメントまで対象を広げて活動を行っていくのかを決定していきます。

5 ｜ペルソナの設定

　特定したターゲットをより具体的にイメージするために用いられるのが「ペルソナ法」という手法です。ペルソナとは、提供する製品の購入者やサービスの利用者、寄付者や会員、ボランティアなどのターゲットをより具現化した象徴的な人物像を指します。

　セグメンテーションとターゲティングという作業により、例えば、「20歳代女性」「東京都在住」「エコ志向」といった大きな括りでターゲットを設定しますが、これだけでは対象となるターゲットの現実感のある生活、人柄、好み、悩みなどの人物像が見えてきません。このため、新しい製品やサービスを開発する場合や支援者を獲得する場合など、どのように価格付けを行い、どのようなメディアを活用して告知し、どこで提供するのかといった具体的なマーケティング施策にまで落とし込むのが難しいのです。NPOにおけるマーケティングは、受益者であれ支援者であれ、そのニーズをしっかり汲み取り、顧客の満足度を高めるとともに、自団体のミッションを達成していくことが目的です。このことを実現するためにも、対象とするターゲットが具体的にどのような人物なのかが明確になっていなければなりません。

　図表3・4にみるとおり、ペルソナは、仮称の名前、年齢、居住地域、家族構成、職業、役職、年収、趣味・嗜好、人生観、接しているメディア（テレビや雑誌など）、提供している製品の購入やサービスの利用にいたる動機や関心、懸念点などを、あたかも実在する人物かのように詳細に設定していきます。ペルソナを設定することにより、顧客である受益者や支援者がどのような想いを持ち、どこで、どのような方法で製品やサービスを購入・利用したり、寄付をしたり、会員になってくれたりするのかなど、NPOの

マーケティングに不可欠な顧客の立場に立って考えることができるようになります。このように顧客の思考や行動プロセスが推測できるようになると、広告メディアの選定やメッセージの作り込みなど、コミュニケーション戦略の策定においても効果を高めることができます。また団体内においても、大雑把なターゲット・セグメント像から一歩進んで、より明確にターゲット像についての共通認識を持つことができるようになるのです。

```
名前    ：渡辺 沙織（わたなべ さおり）
生年月日：昭和55年4月29日（現在32歳）
住所    ：東京都武蔵野市
家族構成：夫・健一（34歳）、美鈴（3歳）、3人暮らし
勤務先  ：地元のデイケアセンターでパート勤務
年収    ：120万円
趣味    ：子ども用の布小物づくり、DVD鑑賞
```

```
名前    ：宮原 優子（みやはら ゆうこ）
生年月日：昭和60年9月20日（現在27歳）
住所    ：東京都世田谷区
家族構成：未婚（実家暮らし）
勤務先  ：広告代理店（営業）
年収    ：400万円
趣味    ：旅行、グルメ（美味しい店を開拓）
         ファッション、ショッピング（デパートで
         ブランド品）
```

図表3・4　ペルソナの設定（例）　(素材提供：株式会社 OMOTENASHI)

カンボジアとインドで「子どもが売られる問題」の解決に取り組む認定NPO法人かものはしプロジェクトでは、月額の継続寄付会員の勧誘にあたり、既存の会員の性別や年齢などの属性データを踏まえ、ペルソナを設定しています。実際に該当するターゲット・セグメント層へのインタビューを実施し、代表的な人物像を見極め、それを団体スタッフやボランティア、インターン間で共有した上で、寄付会員化に向けたイベントなどに反映して高い成果を上げています。

このように、代表となる人物像を具体的に1人設定してアプローチすることは、実はその背後に潜んでいる複数の人に対するアプローチにも繋がっており、非常に効率の良いマーケティング施策となっていることを認識しておきましょう。

6 ｜顧客情報の収集

　ターゲット設定を行う際に疎かにしてはならないのが、顧客である受益者や支援者に関する個人情報の収集です。新規にNPOを立ち上げたり、既存NPOで新規事業を行う場合には顧客を抱えていないため、人口統計データや各種調査結果などを活用して対象となるターゲットを決定していきます。一方、既存の顧客に対するアプローチを行う場合は、日々収集する個人情報の精度によってマーケティング施策の精度も変わってくるため、どのような個人情報をどのタイミングで収集していくのかが非常に重要です。

　新設NPOであれ、既存NPOで新規に事業を開始する場合であれ、事業の対象となるターゲットを決定する際に、個人情報の収集項目と収集タイミングを設計しておかなければなりません。これは、自団体の顧客になってくれた人がどのような特徴を持った人なのかを深く理解することであり、顧客の期待に応え、最終的にミッションを達成するためにも不可欠な作業です。このことは、寄付者や会員などの支援者を獲得する際にもいえることです。

　企業では、製品やサービスの購買・利用履歴、会員登録情報、WEBの行動履歴、キャンペーン応募情報、アンケート情報、サポート履歴など、常日頃から様々な切り口で顧客の情報を収集しています。それらの情報をもとに、広告やメールマガジン、ダイレクトメールなどの各種コミュニケーション・ツールを活用して新規購入やリピート購入、アップセルやクロスセルを促すキャンペーン情報を送っています。個人情報が市場で価値を持ち、時に売買の対象になるのは、まさに個人情報が見込み客を掘り当てる宝の山だからです。

　個人に関する情報が機微（センシティブ）なものであればあるほど、その顧客のことを深く知ることができ、情報の価値は高いといえますが、このような情報がいきなり収集できるわけではありません。団体との関係の深さに応じて、受益者や支援者から得られる情報の深さや範囲は異なりま

す。これまでに何の接点もなく、初めてメールマガジンに登録した人、資料請求をした人、イベントに参加した人などから、いきなり家族構成や年収などのセンシティブな情報を獲得することはできません。団体との関係性の深さに応じて受益者や支援者をレベル分けし、そのレベルに応じて適切な個人情報を収集するとともに、1人の個人に関する個人情報を時間をかけて追加・蓄積していきます。

NPOにおいては、各種問い合わせ、資料請求、会員登録、寄付申し込み、メールマガジン登録、サービス利用や製品購入、ボランティア申し込み、イベント申し込み、アンケート調査など、常日頃からどのような機会や場面で受益者や支援者と接し、どのような方法で個人情報を収集しているのかを整理し、戦略的に情報を収集していく必要があります。

あまり深く考えずに作成している各種申し込みフォームや当たり前のように淡々と実施しているアンケートも、顧客のことをより深く知るための戦略的なツールであると理解すれば、団体における位置づけも変わってくるはずです。収集する情報項目やタイミングについて、これまで以上に慎重に、思慮深く検討を行っていかなければなりません。かといって、むやみやたらに情報を求めるほど、相手に嫌がられ、製品の購入やサービスの

図表3・5　顧客接点を活用した情報収集

利用、各種申し込みや登録など、肝心の最終的な成果の刈取りに影響を及ぼしてしまいます。

　さらには、情報を収集するだけで結局それを活用しないというケースも多々あります。まさに宝の持ち腐れです。あらためて、なぜ個人情報を収集するのか、どのような項目を収集するのか、どのようなタイミングで収集するのか、といったことを団体内部で明確に設計しておきましょう。

第4講 ポジショニング

　ターゲットに対するマーケティング施策を企画立案していく際に、自団体が提供する製品やサービス、支援メニューが他のNPOや企業、行政などの競合と比較して、優位性のある独自の価値を持っているかを検討する作業がポジショニングです。

　内閣府によると、2014年4月30日現在、認証されたNPO法人数は4万9042。この中で活動分野や地域を同じくするNPOは、製品の購入者やサービスの利用者、寄付者や会員などの獲得という点においては潜在的な競合でもあり、協働パートナーでもあります。こうした状況の中で、いかに自団体の製品やサービスが競合と比べて価値があるのかということを受益者や支援者に示すことができなければ、製品の購入先、サービスの利用先、そして支援先として選んでもらえることはありません。

　NPOの中でも特に価値提供型NPOは、競合する可能性のある相手が企業、行政、他のNPOなど多岐にわたるため、自団体の提供している製品やサービスの価値がこれら競合と比較された場合に、受益者の共感や納得を得、最終的に選んでもらえるような取り組みが不可欠です。

　なお、ポジショニングの作業は、マーケティング環境分析における競合分析を行う際に、競合とのポジションの違いを把握するためにも使用されます。

1 ｜ポジショニング戦略の構築

　ポジショニングとは、他者との違いを相対的に比較しながら優位性のあ

るポジション（位置）を見極めることですが、ただ単に競合と違っていれば良いということではありません。その違いに価値があり、その価値に対して受益者や支援者が共感してくれないと意味がないのです。

　また、受益者や支援者の側からみると、競合と比較した場合に、そのNPOや製品やサービス、支援メニューに対して抱く、知覚、印象、感情などによって決定されるものといえるでしょう。

1 ポジショニング・マップの作成

　ポジショニングを行う際には、2次元のポジショニング・マップを描くことで、競合と自団体や、競合製品・サービスと自団体の製品・サービスの立ち位置の違いを明確に把握することができます（図表4・1参照）。独立した2つの評価属性（ポジショニングの軸）を選び、他者と比較した際の相対的な自団体の優位性を表現していきます。

　ポジショニング・マップの作成にあたっては、2軸の要素を独立させ、かつ重要度の高いものに設定します。例えば、自動車のポジショニングを

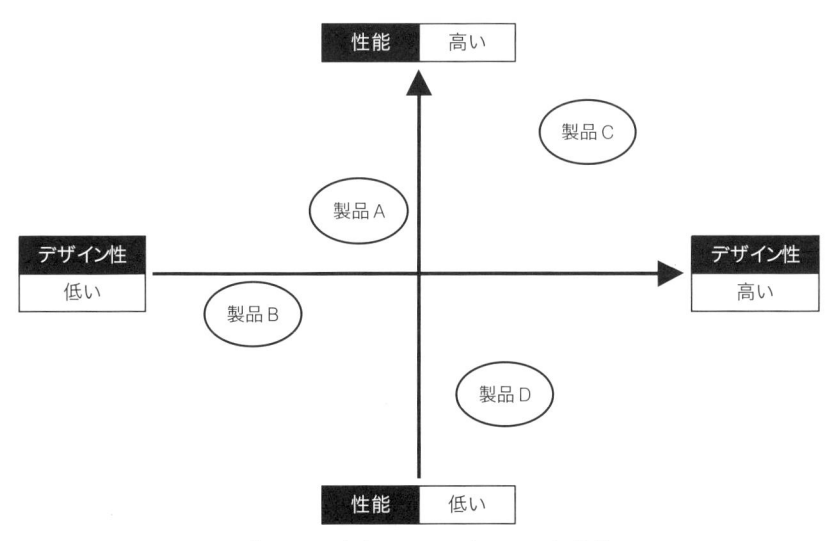

図表4・1　ポジショニング・マップ（例）

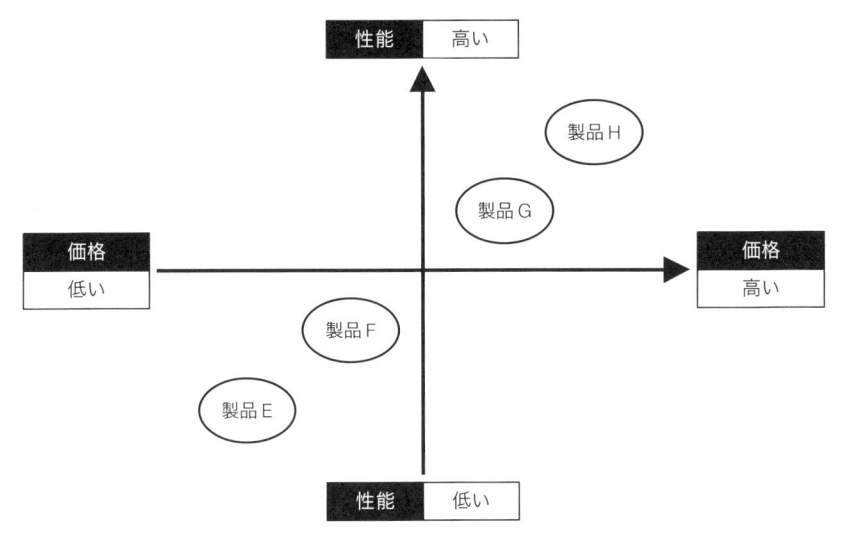

```
        性能  高い
          ↑
              ●製品H
           ●製品G
価格 低い ─────┼─────→ 価格 高い
        ●製品F
      ●製品E
          │
        性能  低い
```

図表4・2　意味のないポジショニング・マップ

行う場合、2つの軸を「性能」と「価格」で設定してしまうと、一般的に両者は比例の関係があるため、性能が高ければ価格も高くなり、意味のあるポジショニング・マップになりません（図表4・2参照）。さらに、独立性があっても、重要でない軸でマップを作ると、仮に競合との差別化ができたとしても、大きな差別化要因にはならないので注意が必要です。

2 ポジショニング戦略の展開方法

特に製品やサービス、支援メニューについては、ポジショニング・マップにより競合に対する相対的な立ち位置を確認したら、以下の4つの視点でポジショニング戦略を検討していきます。

①既存の製品やサービス、支援メニューの改善

競合に対する優位性や劣位性を見極め、既存の製品やサービス、支援メニューを改善します。

②既存の製品やサービス、支援メニューへの投資拡大

競合に対して市場価値の高いポジショニングをとっている既存の製品

やサービスへの投資をさらに拡大します。

③リポジショニング

間違ったポジショニングがされている、もしくは市場環境の変化により優位性のなくなった製品やサービス、支援メニューを再活性化するために新たなポジションに移動させます。

④新製品やサービス、支援メニューの開発

ポジショニング・マップの空白地帯である、競合の参入していない未開拓市場を見つけ出し、新規に製品やサービス、支援メニューを展開します。

①から③までは、既存の製品やサービス、支援メニューに対する対策となります。他者より優位性を占めている場合は、改善や投資の強化を図り、優位性をさらに堅固なものにしていきます。一方、他者より劣ったポジションにある場合はコストを考慮しながら改良を加え、少なくとも他者と戦っていけるレベルまで引き上げていく必要があるでしょう。④は、ポジショニング・マップの空白地帯、つまり他者の参入していない未開拓市場へのアプローチですが、他者がまだ気づいていない"宝の山"なのか、気づいているが魅力がないため参入していない"ゴミの山"なのかを見極める必要があります。

③ フェアトレード・ラベル・ジャパンのポジショニング事例

　図表4・3は、「国際フェアトレード認証ラベル」のライセンス業務やフェアトレードの普及啓発活動を行うNPO法人フェアトレード・ラベル・ジャパンによる、国際フェアトレード認証製品のポジショニングです。縦軸には市民からの「支持度」を、横軸には第3者機関・認証に基づいたものかどうかという「客観性」を置いています。同団体が推進する「国際フェアトレード認証ラベル」製品は、企業のコーズ・マーケティング（第7講参照）と連動したコーズ商品やオーガニック認証商品、環境や社会に配慮したエシカル商品、環境系認証A商品などと比較し、市民からの強い支

持を獲得しており、客観性も高いポジションを占めています。同団体では、市場規模を拡大するための対策として、企業間ネットワーキングの強化や企業向けフェアトレード勉強会の実施などにより、企業のフェアトレードへの取り組み強化・拡大を促進し、さらなる市場拡大を図っていく予定です。それと同時に、企業の取り組みを促進していく上でも、消費者からのさらなる認知・支持が欠かせないため、第3者による客観的な監査に基づく認証制度の信頼性や透明性についての情報発信の強化や、製品の魅力や企業の想いなどを伝えていくことで共感の輪を広げ、フェアトレードをより一般化させていくことを目指しています。

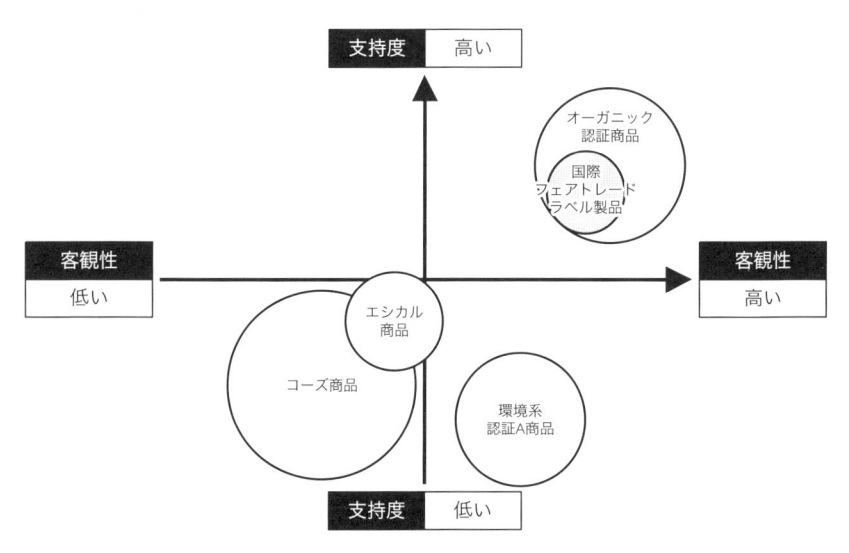

■ 市民からの「支持度」は、応援する中高・大学生・市民による支援活動やサークル・団体数などから判断
■「客観性」は、第三者監査・認証に基づいたものかどうかで判断
■ ○の大きさは、各種調査結果や関係者へのヒアリングを基に市場規模をFLJで推計(エシカル商品にはフェアトレードを含めず)
 ・『The State of Sustainability Initiatives Review 2014 — Standards and The Green Economy』
 ・一般財団法人国際貿易投資研究所『日本のフェアトレード市場調査2008』
■ 2014年6月現在

図表4・3　フェアトレード製品のポジショニング

④ ポジショニングを活用した製品・サービス、支援メニューの開発

　ポジショニングは、組織レベルや製品・サービスのレベルで競合との立

ち位置の比較を行い、自団体独自の価値を見極めるのに使われますが、自団体が提供している製品やサービス、支援メニューのポジショニングを見直したり、新規に開発する際にも活用することができます。例えば、バングラデシュ、ベナン、ブルキナファソ、ウガンダで飢餓問題の解決に取り組む国際協力 NGO の NPO 法人ハンガー・フリー・ワールドでは、3つの会員種別からなる従来の会員制度のポジショニングを踏まえ、支援者の裾野を広げる狙いで、会費月額を低めに設定するとともに、活動報告書の送付回数を年1回に抑える「ひとつぶ募金」の提供を開始しています。

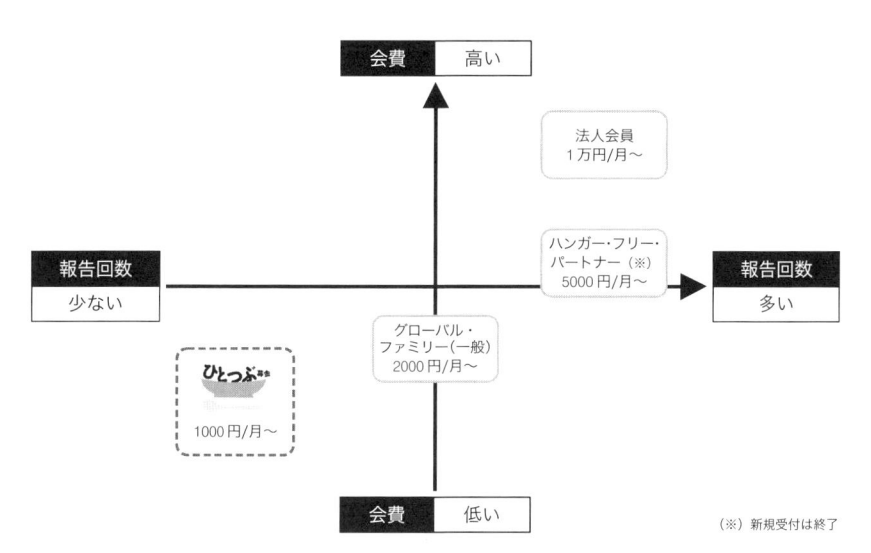

図表4・4　ハンガー・フリー・ワールドの支援プログラム

（※）新規受付は終了

5 ポジショニングの4つの留意点

ポジショニングを行う際には、ミッションとの整合性、共感・納得の獲得、模倣されない独自性、定期的な見直しの4つの点に留意する必要があります。

①ポジショニングとミッションとの整合性を図る

団体の考えるポジショニングや提供する個々の製品・サービスや支援

メニューのポジショニングが団体のミッションに沿ったものでなければなりません。ミッションからズレたものになっている場合は、既存の受益者や支援者に共感してもらえず、却って離反に繋がる恐れがあります。

②受益者や支援者が共感・納得するポジショニングを確立する

受益者や支援者に共感・納得してもらい、製品の購入やサービスの利用、寄付や会員などの支援を促したり、意識や行動の変革のための第一歩に移してもらえるようなポジショニングである必要があります。

③競合に簡単に模倣されないポジショニングを確立する

簡単に模倣されず、優位性を維持できるような独自性のあるポジショニングであることが理想的です。団体の強みが何なのか、そしてその強みに価値があるのかを見極めなければなりません。

④市場環境の変化に合わせてポジショニングを見直す

設定したポジショニングは永続的なものではなく、社会情勢や受益者・支援者の置かれた状況の変化などの環境分析を行いながら、常に見直しをしていきます。

6 NPOにおけるポジショニングの意味

ポジショニングは、自団体と他者の相対的な立ち位置を比較し、他者に対する優位性や独自性を明らかにする作業です。一般的に、企業においては、競合他社及びその製品やサービスに対する優位性を明らかにし、売上や利益、シェアなどを拡大するマーケティング戦略の構築を目的とします。

一方、NPOセクターにおいてポジショニングを行うことの意味は、単に他者と競争するためだけではなく、同じ地域や分野で活動する他のNPOなど、潜在的な協働パートナーを発掘することにもあります。ポジショニング作業を進める中で、他者に対する自団体の優位性や独自性が明らかになりますが、自団体には無い他者の優位性や価値を認識する機会にもなります。地域や社会における複雑な社会課題を解決し、社会の利益を最大化

するためには、NPO同士やNPOと企業や行政との間で、お互い不足している部分を補い合える協働パートナーの開拓が不可欠です。ポジショニングを行う際にはこの点を常に念頭におきながら実施するようにしましょう。

2 | 差別化

　ポジショニングは他者との違いと優位性を見極める作業ですが、その前提となるのが差別化です。差別化とは、NPOやNPOの提供する製品やサービスを他者と識別することであり、自団体独自の価値を見極めることです。差別化は大きく、組織のレベルで検討するものと、その組織が提供する製品やサービス、支援メニューなどのレベルで検討するものに大別されます。

　図表4・3のとおり、組織のレベルでは、企業や行政、その他のNPOな

図表4・5　差別化の要素

分類			要素
組織	定性情報		団体の歴史・伝統、代表者のリーダーシップ、理事会メンバーの専門性・バリエーション、スタッフやボランティアの知識・専門性・技能・おもてなし力、活動範囲の広さ（分野・地域）、活動の成果・実績、認定NPO法人格の有無、資金源の多様性、ブランドイメージ、組織のガバナンス力、営業力、広告・広報力、給与・福利厚生の充実度、ITの導入レベル、メディア露出実績、表彰実績、行政・企業などによる委員会などへの就任実績、行政・企業などとの協働実績など
	定量情報		売上・利益規模、収益性、キャッシュフローの潤沢度、製品の購入者数、サービスの利用者数、スタッフ数、ボランティア数、支援者数（会員、寄付者など）、活動拠点数、使途が自由な資金比率の高さなど
マーケティング	対価性経営資源	製品	品質、素材、機能・性能、耐久性、安全性、品揃え、信頼性、ステータス感、使用感、ターゲット、デザイン・形、ブランド力、価格（お手頃・高級）、ネーミングの独自性、流通（購入場所）の多様性、問い合わせ方法、支払方法、配達、取り付け、保証、サポート、修理など
		サービス	効果・効能、サービスのバリエーション数、スタッフの知識・専門性・技能、おもてなし力、信頼性、ステータス感、ターゲット、ブランド力、安心感、価格（お手頃・高級）、立地（利用場所・交通アクセス）、問い合わせ方法、支払方法、サービス提供スピード、待ち時間の短さ、施設の内装・外観、雰囲気、サポートなど
	支援性経営資源[注]		ターゲット、支援メニュー、お礼、報告、特典の魅力度、価格体系、支払方法、キャンペーン、イベント、データベース、ファンドレイザーの有無など

注：支援性経営資源は、寄付の場合

どの競合と比較して、自団体の強みや独自の価値がどこにあるかを定性・定量的な視点で見極めていきます。一方、マーケティング・レベルでは、NPO が提供する受益者向けの対価性経営リソース（製品やサービス）と支援者向けの支援性経営リソース（ここでは寄付の場合）ごとに他者と比較しながら、それぞれ差別化の要素を検討していきます。

　これら差別化の要素は、ポジショニング・マップの縦軸や横軸になるものです。組み合わせのパターンは１通りではなく無数に存在しています。様々なパターンの組み合わせを実施することで、他者に対する優位性や自団体の独自の価値を見極めていきましょう。

column 2

ファンドレイザーの報酬ランキング

　米国のNPO専門誌『The Chronicle of Philanthropy』が2014年4月に公開した米国NPOのファンドレイザーに支払われる報酬の実態調査によると、NPOに所属するファンドレイザーのうち、29人が年間50万ドル以上、そのうち2人が100万ドル以上の報酬をもらっています。

　この調査は、2011年に年間で3500万ドル以上の民間寄付を獲得している280の大手NPOに所属する430人以上のファンドレイザーを対象に実施したもので、報酬は、基本給とボーナス給から構成されています。調査結果によると、最も報酬が多いのが、Memorial Sloan Kettering CenterのAnne McSweeney氏で121万ドル。次いで、Columbia UniversityのSusan Feagin氏の106万ドルとなっています。

≪報酬の多いファンドレイザー Top5≫

① Anne McSweeney/Campaign Director, Development
　【団体】Memorial Sloan Kettering Cancer Center（民間寄付額：$308,289,000）
　【報酬】$1,212,309

② Susan Feagin/Executive Vice President University Development & Alumni Relations
　【団体】Columbia University（民間寄付額：$1,086,215,418）
　【報酬】$1,066,951

③ Daniel Forman/Vice President, Development
　【団体】Yeshiva University（民間寄付額：$102,292,345）
　【報酬】$922,542

④ Richard Naum/Vice President, Development
　【団体】Memorial Sloan Kettering Cancer Center（民間寄付

額：$308,289,000）
【報酬】$872,964
⑤ Mark Kostegan ／ Senior Vice President, Development
【団体】Icahn School of Medicine at Mount Sinai（民間寄付額：$110,636,117）
【報酬】$870,866

　ランキング全体を見渡すと、総じて、大学などの教育機関と病院などの医療機関が高い報酬を支払う傾向にあります。両方とも、そもそも組織としての規模が一般的なNPOと比べると大きいため、サービスの利用者（受益者）からの収入拡大に加え、支援者からのファンドレイジングに対しても非常にアグレッシブな業界です。

　また単純に、民間からの寄付金額が多い団体が多く報酬を支払っているというわけではないようです。例えば、昨年、民間寄付ランキングで20位であったAmerican Red Crossのファンドレイザーは79位にランキングされています。

　こうした状況の中、実力のあるファンドレイザーは様々な団体から引く手数多となっています。雇用側からすると、単純に投資対効果という視点で、人件費やその他費用を上回る実績を上げてもらえれば良いのでしょうが、高額な報酬のため人件費をひっ迫しているケースも出てきています。また、高額報酬だけを目的とするファンドレイザーに対して、世間からも批判的な向きもあるようです。

　興味深いのが、Top 20に女性が7人ランクインしていることです。ファンドレイザーは、企業でいうと営業職にあたるわけですが、一般的にはまだまだ男性が中心の職種といえます。NPOをはじめとする非営利セクターでは、実力のある女性が活躍していける土壌があるようです。

3
企画・立案篇

　本篇では、設定したターゲットに対するマーケティング施策の企画立案について、NPOマーケティングの"5C"に基づいて解説していきます。
　第5講では、受益者や支援者が得られる価値（Customer Value）、第6講では、受益者や支援者が負担する金銭的・非金銭的なコスト（Cost）、第7講では、製品やサービスの購入・利用や支援を行う際の利便性（Convenience）、第8講では、受益者や支援者との双方向のコミュニケーション（Communication）、そして第9講では、製品やサービスの購入・利用や支援を行う際の快適さ（Comfort）について詳述していきます。
　なお、本篇では、支援者向けのマーケティングの対象を個人からの寄付金や会費などの金銭的支援の獲得にフォーカスを当てて解説します。

第 5 講
価値（Customer Value）

　受益者や支援者にとっての価値（Customer Value）は、4Pでいうと製品（Product）に該当します。製品やサービスなどの提供物そのものではなく、受益者や支援者が提供物から実際に得られる価値を意味しています。

　受益者にとっての価値とは、対価を支払って製品を購入したり、サービスを利用したりする理由そのものです。製品であれ、サービスであれ、受益者が直接価値を得られるため、対価を支払うこと自体に大きな障壁はないでしょう。一方、支援者にとっての価値は、寄付金や会費を支払う理由といえます。特に価値提供型NPOに対する支援の場合、支援者が直接価値を得られるわけではないのにも関わらず、なぜ支援を行ってくれるのかということを常に念頭に置きながら、提供物とその価値を考える必要があります。

1 ｜ 受益者にとっての価値

　受益者にとっての価値とは、NPOが提供する製品やサービスにより得られる便益や便利さ、体験、機能、歓び、感動、問題の解決、苦痛の軽減などで、より充実した快適な生活を送れるようになることです。NPOが提供する製品やサービスは、社会全体にとっての利益を生み出すものでなくてはならず、受益者の潜在的・顕在的なニーズを満たすものや、受益者自身が認識していない潜在的なニーズを掘り起こす可能性を持つシーズを提供するものでなければなりません。

1 製品

　NPOの事業における製品としては、環境に配慮したリサイクル石鹸、雇用支援のための手作り無添加ジャム、障害者による木工品、耕作放棄地で栽培される酒米、まちおこしを目的とした地域の特産品、国際協力分野におけるフェアトレード製品、地産地消をテーマとした有機野菜、コミュニティ・カフェで提供される飲食品などが挙げられます。これ以外にも、Tシャツやマグカップ、トートバックなどの団体オリジナル・グッズ、書籍やブックレット、白書、調査研究レポート、美術館や博物館などにおけるポストカードや文具などのグッズ、イベント会場での飲食物の販売など、付帯的な位置づけで製品を取り扱うケースがあります。目指す製品の品質や機能のレベル、生産規模の大小などにもよりますが、製品を取り扱う場合は、製品企画や開発、販売計画、原材料調達、製造、広告宣伝・プロモーション、デザイン、パッケージング、在庫管理、物流、保証・サポート、損益管理など、企業と同様の専門的なノウハウが必要となります。

■製品の3つのレベル

　フィリップ・コトラーとゲイリー・アームストロングの『マーケティング原理』によると、製品を構成する要素は、①製品の核（中核となるベネフィットまたはサービス）、②製品の形態（パッケージング、特徴、デザイン、品質水準、ブランド名）、③製品の付随機能（取付け、アフター・サービス、保証、配達とクレジット）の3つに分類されます。例えば、まちづくりを目的としたお酒の開発・製造・販売を行うNPOの場合、お酒自体の香り、味、喉越しなどが、その製品が提供する核となる便益となります。ターゲットのニーズそのものとも言ってもよいでしょう。この中核的便益に加え、製品の形態として、競合との差別化を図るための原材料を使用したり、お酒の特徴を際立たせるようなネーミングをしたり、パッケージや容器の形状の工夫による高級感の演出を行ったりします。さらに付随機能として、購入金額によって以降の買い物で使用できるポイントを付与したり、通信販売で簡単に注文できるようにしたり、支払い方法を複数用意す

るなどの利便性を提供するといった工夫を行います。このように、1つの製品を構成する要素は複数にわたっており、製品を企画・開発する段階から製品を顧客に届け、さらにリピート購入していくまでの全てのフローに分解し、形として見える部分と見えない部分を正確に把握する必要があります。その上で、他の競合製品と差別化できるようなポイントが何なのかを見極めながら製品づくりを行わなければならないということです。

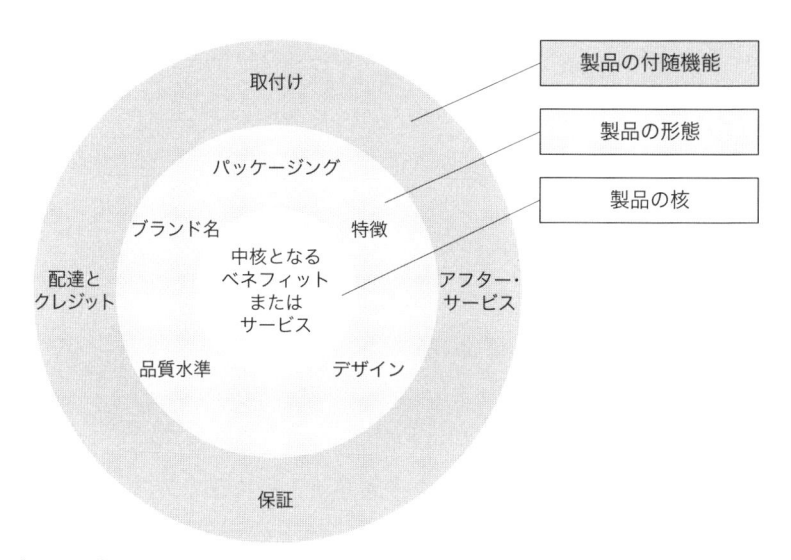

図表5・1　製品の3つのレベル（出典：フィリップ・コトラー＋ゲイリー・アームストロング『マーケティング原理 第9版―基礎理論から実践戦略まで』ダイヤモンド社、2003）

同心円図：中心から外側へ「中核となるベネフィットまたはサービス」（製品の核）、「ブランド名」「パッケージング」「特徴」「品質水準」「デザイン」（製品の形態）、「取付け」「配達とクレジット」「アフター・サービス」「保証」（製品の付随機能）。

　こうした製品づくりにおいては、資金や人材などの経営リソースの観点から、NPOが企業と戦っていくのは非常に難しいため、いかにNPO独自の価値を提供できるかがポイントになります。NPOでは、原材料の差別化、働く人の差別化、雇用や職能向上の機会提供など、製品づくりの場を提供すること自体の差別化といった切り口で、企業とは違う価値を創出し、社会に伝えていかなければなりません。
　千葉県で発達及び知的障害児（者）の支援活動を行っているNPO法人はぁもにぃでは、お菓子工房はぁもにぃを運営していますが、いくつかの

切り口で企業が提供する製品と差別化を図っています。例えば、千葉県産の卵「ぷりんセス・エッグ」（第31回千葉県鶏卵品質改善共進会農林水産大臣賞受賞）と牛乳「八千代牛乳」（FOODEX 2013 ご当地牛乳グランプリ金賞受賞）を使った「プリンセスぷりん」や、千葉県上総地方で採蜜された100%ピュアな天然非加熱蜂蜜「はぁもにぃはにぃシロップ」をはじめ、"千産千消"（千葉県での地産地消の表現）の要素を盛り込んだ製品づくりを行っています。実際に、「プリンセスぷりん」については、「食のちばの逸品発掘2014」において銀賞を受賞、「はぁもにぃシロップ」は第5期の「食の3重丸セレクション」を受賞しており、世間的にも高い評価を獲得しています。

図表5・2　お菓子工房はぁもにぃの製品
（左：はぁもにぃシロップ、中央：プリンセスぷりん）

また、お菓子工房はぁもにぃは、"次世代のための就労支援の場"として2012年6月にオープンしていますが、障害者の就労支援の場として、障害者の工賃アップを実現させるビジネスモデルを目指しています。就労継続支援A型事業所として、障害者総合支援法に基づく就労継続支援のための施設として認可を受けており、一般企業への就職が困難な障害者に就労機会を提供するとともに、生産活動を通じて、その知識と能力の向上に必要な訓練などの障害福祉サービスを供与しています。

このように、NPOの製品づくりにおいては、素材や原材料などの品質面での独自性に加え、製品に込められた社会課題解決に向けた背景やストーリー、エピソードをいかに潜在的な製品購入者に伝えられるかがポイントとなります。とかくNPOセクターでは、製品そのものの価値よりも、「○○の支援に繋がります」といった感情面に訴えた製品の販売促進が行われがちですが、それだけでは継続的な売上は見込めません。製品そのものの価値とNPOが製品をつくるということの価値の両方が求められているのです。

2 サービス

　NPOの提供物のうち、製品の占める割合は小さく、その多くを占めるのは無形のサービスです。製品の場合、対価を支払うのは製品の直接的な受益者であることが大半ですが、サービスの場合は、対価を負担するのが直接的な受益者ではなく、寄付者や会員、助成金を提供する行政や助成財団であるケースが多いという特徴があります。

■サービスの3つのレベル

　フィリップ・コトラー、トーマス・ヘイズ、ポール・ブルームの『コトラーのプロフェッショナル・サービス・マーケティング』によると、製品と同様にサービスも、①中核サービス（基本となる便益やサービス）、②知覚サービス（支援機器、待ち時間、サービス時間、提供過程、ブランド戦略、品質水準、人、他の顧客）、③拡大サービス（クレジット、割引）の3つの要素から構成されています。

　例えば、高齢者にパソコンの使い方を教える教室を運営するNPOの場合、中核サービスはパソコンの利用方法の習得となります。知覚サービスとしては、パソコン端末の形状（デスクトップ型、ノート型など）や使用メーカー、スペック（端末やOSのバージョンなど）、講義形式かマンツーマン形式か、出張セミナーの有無、個別レッスンの有無や待ち時間、1回あたりのレッスンの長さ、講師の人柄、講師の実績や資格の有無などのバック

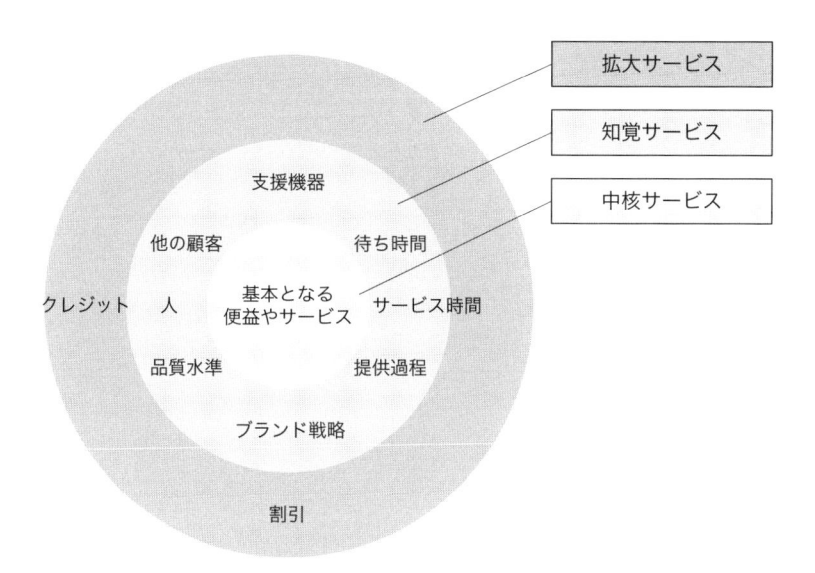

図表5·3 サービスの3つのレベル (出典：フィリップ・コトラー＋トーマス・ヘイズ＋ポール・ブルーム『コトラーのプロフェッショナル・サービス・マーケティング』ピアソン・エデュケーション、2002)

グランド、他の受講者との人間関係などが挙げられます。さらに拡大サービスとして、受講都度ごとに支払うのか、一括で支払うのか、パソコン持参の場合は割引があるのかなどが要素として挙げられるでしょう。

　こうしたサービスの提供においても、3つの基本となるサービス構成要素に加え、NPO独自の価値を提供していかなければなりません。単にパソコンの使い方だけを教える場ではなく、例えば、生涯学習の推進、生き甲斐づくり、地域の人材づくり、交友範囲の拡大といったNPOならではの価値を盛り込んでいきます。具体的には、自主学習と仲間作りを目的とした勉強会、認知症予防を目的としたパソコン操作とウォーキングの組み合わせ、仲間作りを目的としたサークル活動や旅行会などを提供することで企業との差別化を図っていきます。

　東京都東部エリアを中心に、子どもや青少年を対象とした社会教育事業を実施しているNPO法人夢職人では、競合である塾や旅行会社などが提供する同様の子ども向け自然体験活動において、差別化を図りながらサー

ビスを展開しています。これら企業では、主催者側が企画した体験プログラムを一方向的に提供することが多い中、夢職人では、「地域密着」と子どもの「自発性・独自性の育成」に主眼をおいたプログラムを提供しています。参加者が協力してプログラムを作り上げる過程の中で、子どもの社会性が育まれ、子ども同士や子どもと団体スタッフ間の関係性は強固なものとなります。その結果、学年が上がっても再度プログラムに参加したり、団体スタッフ側として関わるようになるなど、高いリピート率に繋がっています。

さらには、子どもに対する事業だけでなく、特に一人親や思春期の子どもを持つ親など、悩みを抱える保護者からの子育て相談に対して適切なアドバイスを行い、顕在化しにくい社会課題への取り組みに対して行政からも高い評価を得ています。こうした実績の積み重ねが、学校や教育委員会、PTAなどから子ども向け事業や各種企画を受託することに繋がっています。

■サービスの特徴

提供するサービスを企画する際には、製品とは違い、サービスが持つ無形性、不可分性、消滅性、品質の変動性、需要の変動性という5つの特徴を理解しなければなりません。

図表5・4　サービスの5つの特徴

無形性	サービスは無形であり、事前に見ることも触ることもできない
不可分性	サービスは生産と消費が同時に行われる
消滅性	サービスは提供された時点で消滅する
品質の変動性	同一品質のサービスを提供し続けることができない
需要の変動性	サービスの需要は季節や時間帯などによって大きく異なる

①無形性

サービスは物ではなく、形がない行為であるため、見たり、触ったり、味わったりすることができません。このため、サービスを提供する側に、どのようなサービスであるのかを伝える工夫が必要となります。

提供する側のブランド力や信頼性、それに付随する口コミなどが大きなカギを握ります。

②不可分性

製品の場合は、生産、販売、消費という順番で提供されますが、サービスの場合は、サービス提供側による生産とサービス利用側による消費が同時に発生します。したがって、サービス提供側には高い専門性や対人スキル、コミュニケーション力が必要となります。

③消滅性

サービスは前もって作り置くこともできず、提供が終了した時点で消滅し、在庫することもできません。したがって、サービスの利用者に対して、同じレベルではないにせよ、近いレベルのサービスを提供する工夫を行います。

④品質の変動性

サービスは提供する人や受ける人によって、また季節やその日の天候などによって、その品質にバラつきが生じます。人が介在するサービスの特徴ではありますが、マニュアルやチェックリストなどの活用により、品質の変動性を抑える工夫が不可欠でしょう。

⑤需要の変動性

サービスは1年の中でも季節によって需要が異なります。また月、週、1日の時間帯の中でも繁忙期（時間帯）と閑散期（時間帯）があります。したがって、高い需要の予測力やコントロール力が求められます。

例えば、環境分野で活動するNPOが環境活動を行うリーダーを養成するための講座を実施する場合、講座そのものには形がなく、NPO側が講座を実施するのと参加者が受講するのは同時であり、予定された時間になれば終了（消滅）します。また、NPO側の誰が講師として登壇するかによって、または受講者のレベルによって講座の内容やレベルは変動し、1年のどの時期に、もしくは1日のどの時間帯に講座を実施するかによって集客数も異なってきます。

こうした状況に対応するため、まず、どのような講座が実際に提供されるのかを分かりやすく伝える工夫が必要です。団体パンフレットやHP、動画を活用することで、講座の臨場感などが伝わるような工夫ができるでしょう。その際に、NPO側からの情報発信のみならず、講座受講者からの声なども合わせて紹介することで、講座の価値や効果、そして信憑性を高めることができます。また、講座の様子を映像、事業報告書や年次報告書、白書などのかたちで記録・保存することにより、後々になっても団体HPやブログなどで再度利用することが可能となります。

　実際に講座を開催する際には、団体内の誰が講師となるかによって受講者の理解度や受け止め方にバラつきが出てきます。このため、講座や研修の内容についてマニュアルやチェックリストの整備、事前の勉強会やピアレビューなどの実施により、誰が講師になっても同じ品質レベルを担保できるような工夫を行います。逆に、状況に応じて、個々にカスタマイズした内容を提供するという方法も検討できるでしょう。

　また、森林保全、リサイクル、地球温暖化、生物多様性、環境教育などの活動分野や、マネジメント層か担当スタッフ層かなど、受講対象者の肩書やレベルによっても、年間、曜日、1日の時間帯などで参加しやすいタイミングが異なるため、配慮が必要です。

　サービスのマーケティングを行うには、製品とは違う、これらサービス独自の特徴をしっかりと認識しておきましょう。

2 ｜ 支援者にとっての価値

　製品の購入やサービスの利用による価値は分かりやすく、受益者にとって金銭的な対価を支払う理由は非常に明確です。一方、寄付金や会費の場合は、社会に対する価値の提供や社会の課題解決がお金を支払う理由となりますが、これらは成果が目に見えづらく、しかも成果が出るまでには時間がかかるという特徴があります。このためNPOは、支援者に対する究

極的な見返り（価値）が事業の成果やミッション達成であることを認識した上で、①お礼、②報告、③特典の3つを提供物として設計していきます。

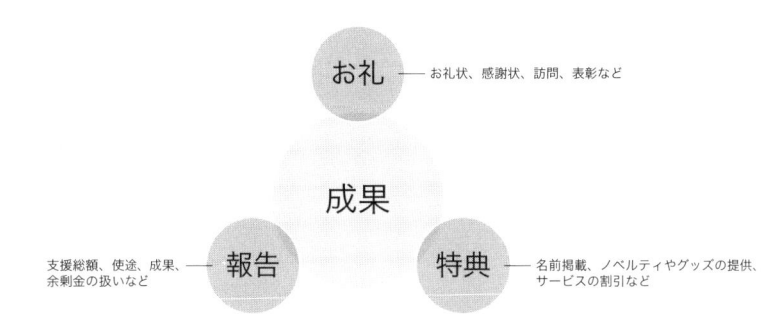

```
        お礼 ── お礼状、感謝状、訪問、表彰など

             成果

  支援総額、使途、成果、── 報告        特典 ── 名前掲載、ノベルティやグッズの提供、
  余剰金の扱いなど                        サービスの割引など
```

図表 5・5　支援者に対する提供物

1 お礼

　支援者に対する提供物の1つ目がお礼です。前述のとおり、製品やサービスのように、その価値や便益を支援者が直接享受するわけではないため、感謝の気持ちをいかに伝えるかという点が重要です。

　お礼をする際には、いただいた寄付金や会費がどのような社会的なインパクト創出に繋がったかを明確にするとともに、支援がなければ団体のミッション達成や事業や活動の継続がいかに困難であったかを伝えます。

　お礼には、団体HPやEメールでお礼したり、お礼の手紙や感謝状を郵便で送付したり、電話や訪問をしてお礼したり、報告書やニュースレターなどへ名前を掲載したり、表彰式を実施するなど様々な方法がありますが、迅速性、特別感、接点強化の3つのポイントに留意します。

■迅速な対応

　寄付金や会員申し込みなどの金銭支援を獲得したらすぐにお礼をします。一般的には、寄付金などを受け取ってから48時間以内にお礼をするべきでしょう。特に、団体HPや寄付ポータルサイトなどのインターネット経由で寄付をいただいた場合には、自動的に寄付受領の返信メールが配信されますが、あくまでも受領の確認メールです。別途、パーソナライズされ

た個別のお礼をすることを忘れてはなりません。

■特別感の演出

　一般的なお礼の手紙や感謝状の送付に加え、団体にとって支援者が特別な存在であることを伝えられるような方法が効果的です。団体スタッフからのお礼に加え、理事から個別にお礼の電話をしてもらったり、活動の受益者から直接手書きなどでお礼をしてもらうことにより、支援者が特別な存在であることを伝えることができます。

　フィリピンの貧困地区で子どもと女性を中心に教育と収入向上の支援を行うNPO法人ソルト・パヤタスでは、図表5・6にみるとおり、月額2100円以上の会費を支払う会員に対して、現地フィリピンの子どもたちによる手書き・手作りのサンクスカード（本人と親）、メッセージビデオ、学校の成績表、子どもの成長記録を送っています。必要な会員には、日本語による翻訳も添付しています。

　また、各種受賞や表彰、寄付キャンペーンの目標達成、メディアへの掲載の際には、支援者に対するお礼のメッセージを添えながら、FacebookやTwitterなどのソーシャルメディアで告知を行ったり、YouTubeにお礼の動画を投稿するなどして特別感を演出します。

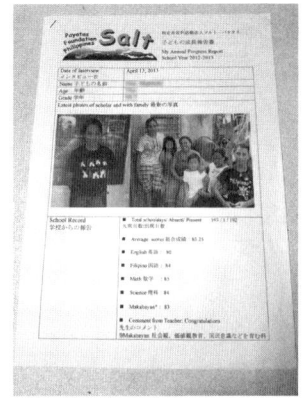

図表5・6　受益者からの直接のお礼（例）

■接点の強化

　お礼の機会は、見方を変えると、支援者に対する接点強化を図るチャンスでもあります。団体からの感謝の気持ちを伝えつつ、活動の進捗状況の報告、イベントやキャンペーンなどの告知、更なる支援のお願いなどをする機会でもあることを意識し、積極的に接点を拡大していきます。

　例えば、支援者の誕生日をはじめ、年間の祝日や記念日、各種行事などに関連付けながらメッセージカードやEメール、ダイレクトメールを送付します。その中で、日頃の支援に対するお礼をしながら、更なる支援をお願いするという方法です。また、年に1～2回、支援者の方を対象としたお礼のパーティーを開催し、日頃の感謝を伝えるのに加え、なぜ団体を支援してくれているのかについての情報収集を行い、支援者との接点や関係性強化に活用していきます。

2 報告

　支援者に対する提供物の2つ目が報告です。寄付金や会費をいただいたことに対し、そのお礼をするとともに、獲得した金額、使途、活動の状況や成果、余剰金の扱いなどを報告します。

　報告の方法として一般的なのが事業報告書の作成です。これ以外にも、季刊誌や機関誌、ニュースレターなどの紙媒体、Eメールによるメールニュース（メールマガジン）、活動報告イベントなどの手段がありますが、ターゲットの特徴や団体の経営リソースなどを考慮しながら、適切な組み合わせにより報告を行います。

　報告はともすると、所轄官庁や支援者に対する単なる義務と思いがちですが、寄付者や会員などの支援者獲得や既存支援者に対する更なる支援の拡大に繋げるための情報発信の機会であると認識するべきでしょう。以下では、報告の手段の中でも、NPOで広く実践されている報告書について解説します。

■報告書

　事業報告書の提出は法律で定められたものであり、毎年の提出が義務付けられています。この義務としての事業報告書とは別に、活動報告書、年次報告書、アニュアルレポートとも呼ばれる報告書を作成し、団体HPなどで公開するケースもあります。

　報告書は、単に活動を伝えるだけでなく、成果を伝えるものでなければなりません。活動とは"団体が実施したこと"であり、成果とは"その活動により得られたもの"と定義付けられます。また、前者はアウトプット（Output）で、後者はアウトカム（Outcome）とも言われます。残念ながら、NPOが作成した多くの報告書では、イベントや講座の実施回数など、実施したことだけが延々と記載してあり、その先にある成果について触れられているものがほとんどありません。求められているのは、実施したことの先にある成果（ゴール）と具体的な目標、そして、その達成に向けたロードマップです。

　成果を伝えるということは、現在地点と目指すべき到達地点がどこなのかを明確にし、到達地点から現在地点を引いた差分を社会に伝えるということです。支援者を獲得するためにも、成果とは何を指すのかを明確に定義し、それを確実に伝えていかなければなりません。

　報告書を作成して支援者に届けることは義務でもお礼でもありますが、

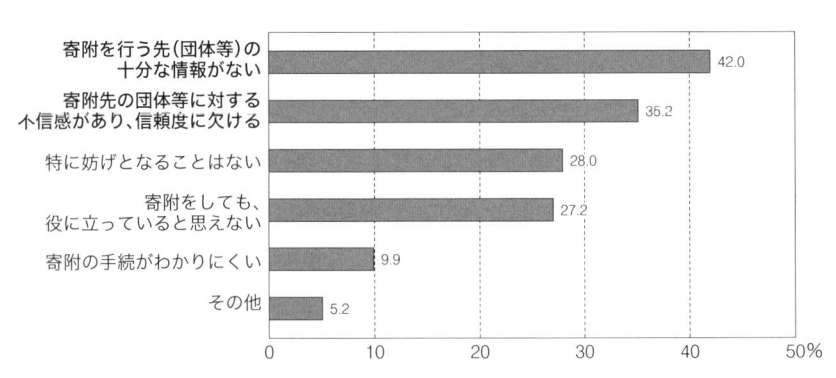

項目	%
寄附を行う先（団体等）の十分な情報がない	42.0
寄附先の団体等に対する不信感があり、信頼度に欠ける	35.2
特に妨げとなることはない	28.0
寄附をしても、役に立っていると思えない	27.2
寄附の手続がわかりにくい	9.9
その他	5.2

図表5・7　寄附の妨げとなる要因　(出典：内閣府「平成25年度 市民の社会貢献に関する実態調査」)

これ以外の目的として、「信頼の獲得」と「情報の提供」という役割があります。内閣府が実施した「平成25年度特定非営利活動法人に関する実態調査」によれば、寄付の妨げになっている要因として、団体による情報提供が十分ではないことと団体に対する不信感が上位に挙げられています（図表5・7）。こと寄付に関しては、情報開示に積極的である団体の方が寄付金額も大きいという結果も出ています（図表5・8）。

報告書は、①表紙・目次、②イントロダクション（導入・サマリー）、③前年度の事業別報告（全体・個別事業）、④前年度の収支会計報告、⑤団体情報の5項目で構成されます。画像、グラフ、表などを積極的に活用し、伝えたいことが一目で分かるようにしたり、数値化できるものは可能な限り数値で表していきます。また、自団体、受益者、支援者、第3者（専門家など）からの情報をバランス良く掲載し、情報の客観性や信憑性を担保したり、自団体以外のステークホルダーの証言やエピソード、コメントなどを適宜紹介しながら、成果を分かりやすく伝える工夫が必要です。

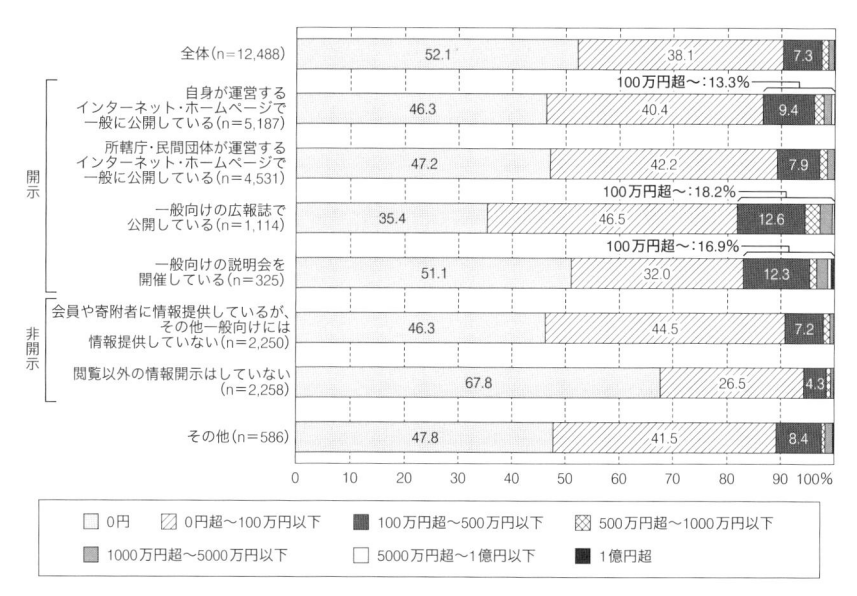

図表5・8　情報開示手段別の受入寄附金合計額　(出典：内閣府「平成25年度 特定非営利活動法人に関する実態調査」に筆者加筆)

作成した報告書は支援者に読まれなければ全く意味がありません。作成して満足するのではなく、イベント開催時の配布、顧客訪問時などの手渡し、団体オフィスや運営施設での設置、郵送による配布、WEB（団体 HP、ブログ、ソーシャルメディア、E メールなど）での公開など、告知を積極的に行います。

　なお、忘れてはならないのが報告書の効果測定と改善です。報告書の効果を支援者の獲得と位置づけ、アンケートなどを活用して寄付金や会員申し込みのきっかけが報告書かどうかを確認したり、報告書経由の申し込みの有無を測定するために報告書に記載する電話番号、メールアドレス、URL などを変更したり、報告書に各種申し込み書の機能（切り取り式返信フォームなど）を設けるといった工夫を行います。このようにして、作成した報告書の効果を可能な限り測定し、更なる改善を図っていきます。

③ 特典

　特典とは、寄付者や会員などの支援者獲得における各種インセンティブを指します。会員組織を持つ NPO では、季刊誌・機関誌やニュースレターの無料送付、イベントなどへの優先参加権、製品やサービスの割引などを提供するのが一般的です。また、寄付キャンペーンの申し込み特典として、NPO のロゴが記載されたマグカップ、トートバック、ボールペン、カレンダーなどのノベルティグッズや書籍や有料レポートなどのプレミアム（プレゼント品）を提供するケースもあります。

　NPO セクターにおいては、寄付者や会員などの支援者がこうした特典を目当てに寄付をしたり会員になったりするケースはそれほど多くはないでしょうが、昨今ではクラウドファンディングにみるように、支援をいただくお礼として特典を提供するケースが一般的になってきています。こうした特典の提供は、これまで NPO に対して接点や関心を持ってこなかったターゲット層に支援を広げてお願いしていく際に、一定の効果をもたらすでしょう。

■特典の設計

　特典の設計にあたり注意しなければならないのが、提供するものによっては既存・潜在的な支援者からの批判を受ける可能性があるということです。支援者の中には、提供したお金を管理費などではなく事業そのものに使ってもらいたいという人もいるため、支援者を不快にさせるような特典の提供は却ってマイナスの効果をもたらします。特典には、以下のように実用性を踏まえた上で、①支援者との関係性を維持・深化できるもの、②NPOの広報に繋がるもの、そして、③NPOの収入に寄与するものを選定していきます。

　①関係維持・深化

　　活動分野における必読書籍や団体が実施した有料の調査レポート、国際協力分野における支援国現地へのスタディツアー参加割引など、NPOが取り組む社会課題や活動内容について理解を深めてもらい、更なる支援獲得の可能性を高められるもの

　②広報

　　団体ロゴや団体 HP の URL、問い合わせ窓口の電話番号などを記載したマグカップやトートバック、ボールペンなど、支援者やその周りの人たちが日常的に目にしたり触れたりすることで、NPOの認知拡大に寄与するもの

　③収入貢献

　　セミナーやイベントなどへの参加割引や、団体ロゴ入りオリジナル・グッズの割引、NPOが販売しているフェアトレード製品の割引など、自然なかたちでNPOの収入拡大に寄与するもの

■世界自然保護基金ジャパンによる会員特典の事例

　世界 100 ヶ国以上で活動している環境保全団体 WWF の一員である公益財団法人世界自然保護基金ジャパン（WWF ジャパン）では、世界の自然や野生動物の保護に関する意識や行動を育むには、子どもの頃からの教育や啓発活動が不可欠であるという考えのもと、会員制度として 10 代を「ジ

図表 5・9　世界自然保護基金ジャパンの会員特典

特典内容	一般（年齢制限なし） 5000円〜10万円/年 500円〜1万円/月	ユース（19歳以下） 3000円/年	ジュニア（15歳以下） 1500円/年
会員証（入会時／会員継続時）	●	●	●
会員バッジ（入会時）	●		
パンダキーチェーン（入会時）		●	
パンダキーホルダー（入会時）			●
会報『WWF』（年6回）	●	●	
会員継続ステッカー （年1回継続時）	●		●
年間活動報告（年1回）	●		
子供用ニュースレター 『パンダニュース』（年4回）			●
通販カタログ 『PANDA SHOP』（年2回）	●	●	●

ュニア（15歳以下）」「ユース（19歳以下）」の2つのターゲットに分類し、「一般（年齢制限なし）」とともに3コースを提供しています。

図表5・9にみるように、例えば、会員バッジ、パンダキーチェーン、パンダキーホルダーと、これら3つのセグメントごとにそれぞれ提供物を変えています。また、ジュニア会員に対しては、一般的な活動報告書ではなく、子どもがWWFの活動を理解しやすいように別途カスタマイズしたニュースレター『パンダニュース』を年4回送付しています。

同団体では、過去には「ジュニア」と「一般」の2コースだけ提供していましたが、「ジュニア」から「一般」へ会員を移行してもらう際に、16歳以上は「一般」と同じ会費や特典内容となってしまうため、移行が進みにくい状況にありました。「ユース」はこれら「ジュニア」と「一般」とを繋ぐ戦略的なコースとして新設されています。

このように、手間や費用はかかるものの、会員コースごとに特典を細かく分けて提供することにより、支援者の満足度が高まり、さらなる支援へと繋がっています。

第6講
コスト（Cost）

　サービスの特徴として、無形で金銭的価値を伝えづらいことに加え、目に見えづらい様々なコストが存在するということが挙げられます。受益者や支援者が負担するコストには、製品やサービス、寄付金や会費の料金だけではなく、それらに付随する他の金銭的コストや時間、身体、心理、感覚的なコストなど、目に見えないコストが含まれています。NPOが事業を行う際には、こうしたコストの全容を明らかにすることが出発点となります。

　また、製品やサービスの料金、寄付金や会費は、実際にかかるコストに基づいた価格、受益者が支払ってもよいと認識する価格、競合が設定している価格の3つを意識しながら決定していきます。NPOにおいては、団体の維持運営を意識しない、顧客の意向を気にしない、競合の価格を調査しないといったケースが多々見られますが、これら3つの切り口のバランスを図りながら、適切な価格設定を行わなければなりません。

1 │ 受益者・支援者に対するコストの全体像

　クリストファー・ラブロックとローレン・ライトは、その著書『サービス・マーケティング原理』の中で、サービスの提供に伴い顧客が負担するコストとして、①探索コスト、②購入・使用時のコスト、③事後的コストの3種類のコストを紹介しています。以下では、サービスの提供だけでなく、製品の提供や寄付金や会費の獲得においても、この3つのコストの考え方を採用しながら解説していきます。

```
探索コスト ── 金銭的コスト ┬── サービスの購入価格
                          └── その他の金銭的コスト
購入・使用時のコスト ┬── 時間的コスト
                    ├── 身体的コスト
                    ├── 心理的コスト
                    └── 感覚的コスト
事後的コスト ┬── 必要な追加サービスのコスト
            └── 問題解決のコスト
```

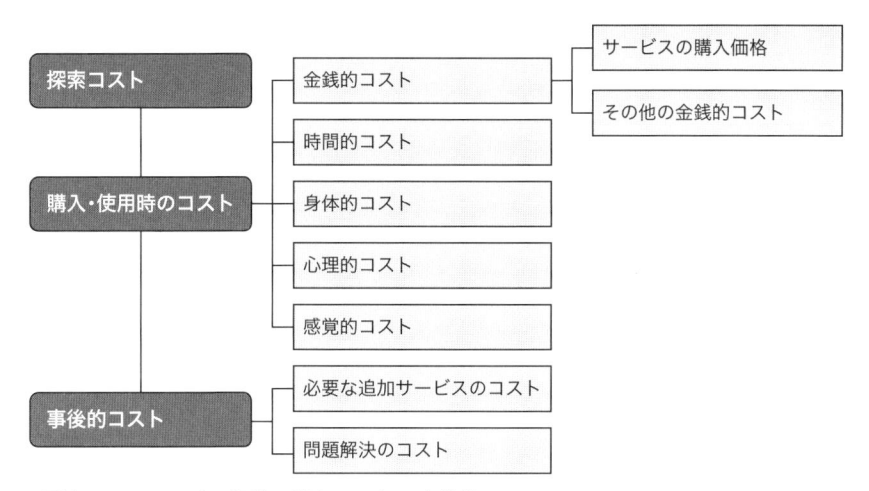

図表6・1　サービス提供に伴うコストの全体像（出典：クリストファー・ラブロック＋ローレン・ライト『サービス・マーケティング原理』白桃書房、2002）

図表6・1にみるとおり、コストというと、一般的には製品やサービス、寄付金や会費そのものの料金だけを想像してしまいますが、コストの範囲をもっと広げて考える必要があります。実際は、受益者が製品やサービスを探したり、支援者が寄付先NPOを探したりする段階や、製品やサービスを購入・利用した後や支援金を支払った後の段階にも何らかのコストが発生しているのです。また購入・使用時においても、受益者や支援者は、製品やサービス、寄付金や会費の料金だけを負担しているのではなく、目に見えづらい様々なコストを負担しています。NPOで製品やサービスの価格や寄付金や会費の設定を行う際には、このようなコストの全体像を把握し、適切な価格設定をしていかなければなりません。

1 探索コスト

探索コストとは、受益者や支援者がニーズを認識し、そのニーズを満たすための解決策や手段・方法を探すための情報収集や判断に伴うコストを指します。特に、初めて製品やサービスを利用したり、寄付をする先のNPOを探すような場合、受益者・支援者は、時間や労力をかけて団体や社

会課題の存在、具体的な活動内容、寄付金や会員に関する情報収集を行い、何らかの評価基準により判断を行います。

　潜在的な受益者や支援者は、NPOのことを知るために、インターネットで団体HPを閲覧したり、口コミ情報を調べたり、最寄りの中間支援組織（市民活動センターやNPOサポートセンターなど）に相談するといった行動をとります。NPOはこうした状況を理解し、団体HPや団体パンフレット、活動報告書、ニュースレターなどのコンテンツの充実化を図るとともに、団体HPに加え、Eメール、動画、ブログやソーシャルメディアを活用した積極的な情報提供や、中間支援組織や寄付ポータルサイトなどへの団体登録を行い、潜在的な受益者や支援者が自団体についての情報を探しやすくするような取り組みが必要です。

② 購入・使用時のコスト

　購入・使用時のコストは、金銭的コスト、時間的コスト、身体的コスト、心理的コスト、感覚的コストに分類されます。実際に製品やサービスを購入・利用したり、寄付金や会費を支払う際に発生するコストのことですが、受益者や支援者に対して、そのものの料金以外に目に見えない様々な負担を負わせていることを認識しなければなりません。

■金銭的コスト

　金銭的コストはさらに、製品・サービスの料金や寄付金・会費とその他の金銭的コストに分解されますが、見落としがちなのがその他の金銭的コストです。例えばイベントを行う場合、参加者には、イベントそのものの料金に加え、イベントの予約にかかる電話代やFAX代、イベント代金支払い時に発生する手数料、イベント会場までの交通費や駐車場代・ガソリン代、外出することによる外食費などが発生します。また寄付金を支払う場合は、銀行振込や郵便振替などの支払いに付随する手数料や最寄りの金融機関までの交通費や駐車場代などが発生するでしょう。

　これらの金銭的コストに対し、NPOは、フリーダイヤルを提供して電話

代を団体側で負担したり、駐車場がある場合はその旨を団体HPやチラシなどで告知したり、昼食付きのイベント企画にするなど、受益者や支援者が感じたり、実際に負担するコストを減らすような工夫が必要です。

　大手NPOの中には、寄付金や会員に関する相談や受け付けの窓口にフリーダイヤルを導入したり、郵便による申し込みを料金後納で受け付けるなど、潜在的な支援者の金銭的負担を軽減している団体もあります。自団体の経営リソースと照らし合わせながら、こうしたコストの負担が寄付金や会費の獲得により得られる収入で十分賄えるものであれば、導入を検討していくとよいでしょう。

■時間的コスト

　時間的コストは、主としてサービスの利用の際に受益者や支援者が費やす時間で、サービスの提供時間や待ち時間などを指します。"時は金なり"と言われるくらい時間は貴重なものであり、サービスを利用している時間は他のことに費やすことができるため、「機会費用」とも呼ばれます。製品の提供においても、インターネット上でショップを開設し、店舗以外でも購入できるような仕組みを提供することで受益者の時間的コストを削減することができます。イベントの場合であれば、申し込みプロセスをどこまで簡素化できるかやイベント会場でのテキパキとした誘導など、無駄な時間を削減するような工夫が必要となるでしょう。

　また、支援者の獲得においても、余分なやり取りを発生させないために、寄付金や会員の申し込みの手順、寄付の税控除に関する情報、よくある質問への回答集（Q＆A）などを団体パンフレットや団体HP上に記載しておきます。このことは、潜在的な支援者にとってのみならず、NPO側にも余分な対応工数削減に繋がるというメリットをもたらします。

■身体的コスト

　主としてサービスを利用する際にかかる疲労や不快感などで、例えば、医療関連サービスを提供するNPOでは、実際に身体的な負担を与えるケースもあるため、いかに負担の少ない方法でサービスを提供できるかを検

討していきます。製品の提供においても、重量やサイズの大きな製品の場合の配送や取付けサービスなど、受益者の身体的コストを軽減する工夫が必要となるでしょう。また、夏の炎天下や冬の極寒時での屋外イベントなどでは、参加者の身体にかかる負担はとても大きいため、主催側は、負担を軽減するような配慮を行わなければなりません。

寄付金や会費の支払いにおいても、金融機関へ出向く際の身体的負担が発生するため、インターネットを活用した支払い方法を提供するなどの対応を検討していきます。

■心理的コスト

心理的コストは、主にサービスを受ける際の不安感や恐怖感などを指します。子どものいじめやドメスティック・バイオレンスに対する相談電話において匿名による相談を受け付けたり、自由に相談を中断できるようにするなど、安心して電話をかけることができる環境を提供します。

支援者の獲得においても、寄付者や会員として、NPOが提供する事業報告書やニュースレターなどに名前を掲載するかどうかの選択肢を提供したり、プライバシーマークを取得して個人情報の取り扱いおける不安感を取り除くことにより、支援者の心理的コストを削減することができます。

また、以下の事例にみるように、寄付金や会費の金額については、その金額の根拠や妥当性を示したり、金額の伝え方を工夫することにより、潜在的な支援者の心理的なハードルを下げることができます。

①金額の妥当性を提示

認定NPO法人難民支援協会では、寄付の獲得にあたり、「1500円あれば、家がない農民に一泊の宿を手配できます」「3000円あれば、成田空港に出向き、とどめ置かれた難民に面会できます」「10000円あれば、健康保険に入れない難民が通院1回分の医療費を支払えます」など、支援金額によって可能となることを明示することで、支援金額の根拠を伝え、支援者の納得性を高めています。

1500円あれば、	3000円あれば、	10000円あれば、
家がない難民に一泊の宿を手配できます	成田空港に出向き、とどめ置かれた難民に面会できます	健康保険に入れない難民が通院1回分の医療費を支払えます

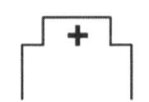

図表6・2　難民支援協会の事例（出典：http://www.refugee.or.jp/support/）

②金額の負担感を軽減

　公益財団法人ケア・インターナショナルジャパンでは、継続的な寄付である「CAREマンスリー・ギビング・プログラム」の募集にあたり、支援内容がイメージしやすい画像を添えながら、「毎月3000円（1日あたり100円）のご支援をいただけると」という伝え方により、1日単位でみるとそれほど大きな金銭的な負担ではないことを強調しています。

- 毎月1000円（1日あたり33円）のご支援をいただけると
  例えば、地震などの自然災害時に、石けん、タオル、バケツなどを含む緊急衛生パックを10パック、被災世帯に届けることができます。

- 毎月2000円（1日あたり66円）のご支援をいただけると
  例えば、ベトナムのHIV/エイズプロジェクトで、コミュニティの人々が、HIV感染予防の教育・研修を受けることができます。

- 毎月3000円（1日あたり100円）のご支援をいただけると
  例えば、途上国の出産を控えた7人の妊婦が、ビタミン補助食品、母乳で子どもを育てることや乳児の健康管理に関する情報、安全な出産を確保するための器具などを含む母体保護キットを受け取り、出産に伴う危険を回避することができます。

図表6・3　ケア・インターナショナルの事例（出典：http://www.careintjp.org/support/02.html）

③支援意欲の喚起

　NPO法人エイズ孤児支援NGO・PLASでは、寄付獲得キャンペーンのWEBページ内において、目標金額に向けた達成状況を分かりやすく表示し、「もう少しで目標達成しそうだから応援しよう」といった潜在的な支援者層の取り込みを行っています。

日本からのご支援

現在の達成金額： 11万7400円
目標額： 134万2000円
達成率： 9%

図表 6・4　エイズ孤児支援 NGO・PLAS の事例 （出典：PLAS ウェブサイト）

■感覚的コスト

　主にサービスの利用時に五感を通じて感じる不快感で、音、臭い、冷暖房、座席の座り心地などを指します。例えば、施設を使用して研修や講座を行う場合の会場の狭さ、椅子や机の間隔、近隣の騒音、冷暖房、食べ物の匂いなどが挙げられます。

　また、支援者が団体 HP で寄付金や会費の支払いを行う場合に、フォントサイズが小さく文字が読みづらい、入力フォームに入力補助機能がついておらず手間がかかるといったことがないように、ユーザビリティへ配慮した WEB ページの作成を行います。

③ 事後的コスト

　受益者や支援者は、製品やサービスを購入・利用した後や寄付金や会費を支払った後、その決定や行動が自分が期待したとおりのものであったかどうかを評価します。その上で、その製品やサービスをさらに利用するか、以降も寄付や会員を継続するか、支援金額を減額・増額するか、そして周囲に勧めるかなどを判断します。

　特に寄付者や会員などの支援者は、自分が行った金銭的支援を含め、総額でどのくらいの金額が集まったのか、どのように使われたのか、どのような成果に繋がったのか、余剰金についてはどのように扱うのかなどを総合的に評価してから以降の支援の判断を行うため、前述のとおり、NPO 側からの定期的な報告が不可欠です。

　NPO は、提供している製品やサービス、支援メニューが受益者や支援者

の期待に添うものであったかどうかを判断するためにも、アンケートを実施したり、フォーカスグループ・インタビューにより生の声を深堀りしたり、サービス提供プロセスを団体スタッフ同士で観察・評価し合ったりするべきでしょう。また、NPO側からも積極的に、かつ小まめに情報提供を行い、常に顧客である受益者や支援者の満足度を高めるような工夫を行っていかなければなりません。

2｜価格設定の考え方

　受益者や支援者が負担するコストの全体像を踏まえた上で、具体的な製品やサービスの価格、寄付金や会費を設定していきます。

　価格設定の基本的な考え方は、カスタマーバリューがテクニカルバリューを上回る場合に利益が発生するということです。逆に、テクニカルバリューがカスタマーバリューを上回るときには、損失が発生します。カスタマーバリューとは、顧客が買ってもよいと思う価格であり、テクニカルバリューとは、製品やサービスの開発・製造・提供、会費における会員組織の運営などにかかったコストを指します。

　NPOで事業を行う際には、特に事業収入が主たる収入源である場合、こうした基本的な考え方を踏まえて製品やサービスの設計を行わなければなりません。事業の立ち上げ当初の投資フェーズや、その他特殊な事情により赤字の存在を認めている場合を除いては、カスタマーバリューがテクニカルバリューを上回る必要があります。NPOでは、提供している製品やサービスの価格設定の根拠や妥当性が乏しいケースが散見されますが、事業が継続できるような価格設定を行っていきます。

　一方、寄付金や会費を設定する際には、事業収入をはじめ、助成金、委託金、補助金などの他の資金源とのバランスを意識するべきでしょう。個人からの寄付金や会費の価格設定は、特に事業収入が得にくく、総収入における寄付金と会費の比率の高い「消費者の保護」「人権の擁護又は平和の

推進」「国際協力」「災害救援」などの NPO において大きな影響を及ぼします。また、寄付金や会費は、1件あたりの金額は小口であるものの、助成金や補助金などのように期間が限定されず継続性があり、団体運営の安定財源として位置づけることができます。寄付金や会費のこうした特徴を踏まえ、根拠や妥当性もなく、「まぁこのくらいでいいか」と感覚的に決めるのではなく、戦略的に価格設定を行っていきます。

1 価格設定の手法

製品やサービスの価格、寄付金や会費は、①コスト、②需要、③競争の3つの視点に基づいて設定していきます。コストに基づいた価格は、実際に製品やサービスの開発・製造・販売にかかったコストや寄付プログラムや会員組織の運営にかかるコストに一定の利幅を上乗せする考え方です。需要に基づいた価格は、売り手である NPO 側ではなく、顧客である受益者や支援者が認識する価値を基にした価格設定であり、適切に設定されれば団体にとっての利益を最大化することができます。競争に基づいた価格は、競合の設定している価格を意識したもので、製品やサービスの品質、支援メニューの魅力などを踏まえた競合との価格競争です。

図表 6・5　価格設定の手法

コスト志向	コストプラス価格設定	実際にかかったコストに一定額の利益を上乗せする方法。顧客の購買喚起力と競合との競争力は考慮されない。
	マークアップ価格設定	原価に一定のマークアップ（上乗せ）を行うもので、主に小売業者や卸売業者などの流通業で用いられる。
需要志向	知覚価値価格設定	市場調査などから顧客に買ってもらえる価格を事前に調べて、原価が上回る場合には売れる価格に原価を近づける。
	需要価格設定	顧客層、季節・時間帯、場所などにより需要が異なる場合、顧客のセグメントごとに価格を変化させる方法。
競争志向	実勢価格	競合が提供する製品やサービスの品質や価値をにらみながら価格設定をする方法。競合よりも高価格にも低価格にもなりうる。
	入札	複数の売り手の中から契約相手を決定する場合に用いられる方法。一般的に、買い手は、入札で最も低い価格を提示した売り手から購入する。

■コスト志向

実際にかかったコストに一定額の利益を上乗せする方式で、コストプラ

ス方式と呼ばれます。広く一般的に用いられている価格設定手法といえるでしょう。生産に携わる場合は、材料費、労務費、諸経費からなる製造原価に一定の利幅を加えたものが販売価格となり、流通業（小売業や卸売業など）の場合は、この販売価格、つまり仕入原価に利益を上乗せしたもの（マークアップ）が販売価格となります。

　実際にかかったコストをベースにした価格設定のため、考え方自体はシンプルですが、受益者が払ってもよいと考えるよりも低い価格や高い価格を提示する可能性があります。また、競合の設定している価格を考慮しないため、競合との競争力が劣る可能性もあります。これらの特徴を踏まえ、個々の受益者ごとにカスタマイズした製品やサービスの販売を行い、コストと価格のバランスを図るという方法もあるでしょう。

　一方、寄付金や会費の設定においては、例えば、会員組織を持つNPOの場合、その運営にかかる人件費や特典にかかるコストを考慮に入れながら会費を決定していきます。例えば、特典として季刊誌・機関誌を提供する場合、原稿作成料、デザイン費、印刷費、配送費などがかかるため、これらのコストに一定額の利益を上乗せして会費を決定することになるでしょう。ただし、支援者の意向を無視した金額となりがちで、競合の設定している会費も考慮しないため、価格感度の高い支援者に対しては競争力のない価格設定をしてしまう可能性があります。

■需要志向

　製品やサービスを提供するNPO側ではなく、受益者の側に立った価格設定です。言い換えると、顧客が「ここまでなら出してもよい」という価格のことで、これ以上の価格を設定しても製品の購入やサービスの利用には繋がらない価格です。利益を最大化するには、上限となる受益者の値頃感や価格感度を常にウォッチしながら適切な価格設定を行い、コストの配分を考えていきます。

　具体的な設定手法としては、知覚価値価格方式と需要価格方式の2つがあります。知覚価値価格方式は、市場調査やアンケートなどを実施して、

どのくらいの価格であれば売れるのかを明らかにした上で価格を決定し、その価格に見合う原価で製品やサービスを提供していくというものです。一般的に、売れる価格帯の上限は、「品質は良いが、あまりにも高いので買う価値がないと感じる価格」であり、下限は、「あまりにも安い価格のため、品質に不安を感じ、買う価値がないと感じる価格」です。つまり高過ぎても、安過ぎてもよくないということです。一方、需要価格方式は、顧客層や季節・時間帯、場所などの需要動向によって価格を変化させる方法です。例えば、大人と子ども、女性と男性、劇場の座席位置、屋外（山頂や海など）などにより、高め・低めに価格を設定することができます。

　NPOセクターでは、寄付金や会費の設定において、支援者が金額や回数などを自由に選べるように、「一口〇〇円から」という方法を提供するのが一般的です。興味関心や支払能力は人それぞれ異なっているため、支援金額は個人の判断に任せるという考え方です。このことを踏まえ、例えば会費の場合、学生会員・一般会員・法人会員、正会員・賛助会員など、支援者の属性に応じて設定したベース金額を適宜組み合わせながら、得られる会費収入を最大化していきます。

■競争志向

　競合の価格を意識し、品質と価格のバランスによる差別化を図りながら価格を設定する方法で、実勢価格と入札価格に大別されます。実勢価格設定法は、市場における競合の価格を考慮に入れて価格水準を決定する方法です。分野によっては、製品やサービスの提供を行うのは自団体だけでなく、他のNPOや企業、行政などの競合が存在している状態となっているはずです。このため、これら競合が提供している同様の製品やサービスの品質や価値を自団体と比較し、競合が設定した価格よりも時には高めに、時には低めに設定します。必ずしも競合の価格よりも低くなければならないわけではなく、製品やサービスに優位性がある場合は高めに設定していきます。あくまでも価値を比較した上で、その妥当性を判断しなければなりません。もう1つが、入札により価格が決定される方法で、特定の買い手

が複数の売り手の中から取引相手を決定する場合に用いられる方法です。一般的に、買い手は入札で最も低い価格を設定した売り手と取引することになります。

　寄付金や会費の獲得においては、活動分野や活動地域が同じ競合と比較しながら、団体の歴史や実績、ブランド力、認知度、信頼性、提供する特典の魅力とのバランスを図り価格を決定していきます。

　図表6・6は、国際協力に携わる、公益社団法人シャンティ国際ボランティア会（SVA）、認定NPO法人日本国際ボランティアセンター（JVC）、認定NPO法人シャプラニール＝市民による海外協力の会の3団体の会員制度を比較したものです。

　例えば、ある学生が国際協力NGOに興味を持ち、これら3団体のいずれかの会員になるために比較したとしましょう。学生同士の交流やネットワーキングを期待する学生であれば、学生向けの会員制度を持っていないSVAではなく、JVCとシャプラニールを選択するでしょう。価格感度の高い学生の場合は学生向けの料金設定が一番低いシャプラニールを選択し、

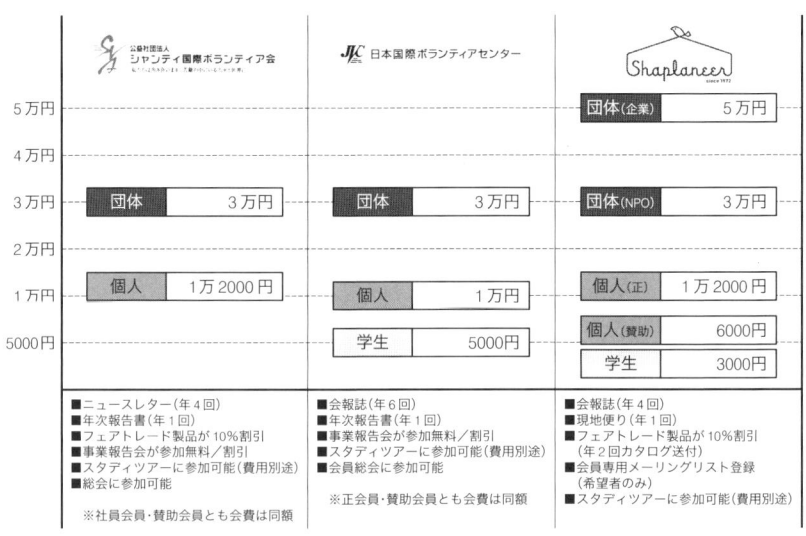

図表6・6　会費の競合分析（例）

小まめな活動報告を期待する学生の場合は報告の頻度やバリエーションが多いJVCやシャプラニールを選択する可能性があります。また、フェアトレード製品に興味がある学生はSVAとシャプラニールを、単なる会員ではなく、よりアクティブに団体を通じた活動を行いたいという学生であれば、会員向けのメーリングリストを利用できるシャプラニールが支援先として選ばれることになるでしょう。

　昨今、潜在的な支援者は、インターネットを活用して簡単に自分の興味関心のあるNPOを探し出し、このように各団体のHP上で具体的な会員制度の内容を調べ、比較・吟味することができます。もちろん支援者はここに記載された価格と特典とのバランスだけで支援先を決定するわけではありません。各団体の活動内容、歴史や実績、ブランド力、認知度、信頼性など複数の要素を考慮しながら最終的な決定を行うわけですが、少なくともNPO側としては、自分たちが常に比較される状況に晒されているという認識をもち、慎重に支援メニューの価格設定をしなければなりません。

② 価格設定の上限と下限

　コスト、需要、競争の3つの価格設定方法は、通常は、下限がコスト、上限が需要、その間に競争に基づいた価格設定方法が位置づけられます。つまり、顧客がこれ以上の価格だと買わないという価格が上限となり、赤字を回避するためにコストを下回らない価格が下限となります。そして、その間に競合が設定した価格が存在しているという状況です。

上限　需要　………　顧客の知覚を基準にした価格設定

　　　競争　………　競合の価格を基準にした価格設定

下限　コスト　………　コストを基準にした価格設定

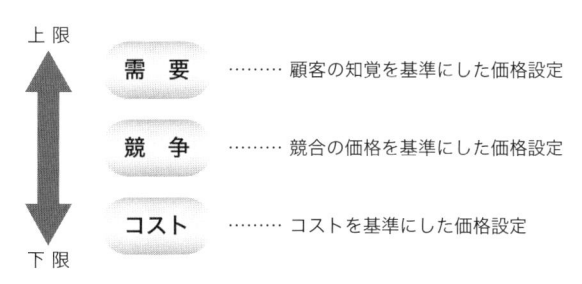

図表6・7　価格設定の上限と下限

価格を設定する際にはこれら3つの価格の考え方を理解し、事業や活動が継続できるような収益を確保できる価格であること、顧客である受益者や支援者に受け入れられる価格であること、そして、競合と比べて優位性のある価格であることの3点を押さえながら、適切な価格設定をしていきます。

　NPOでは、団体の活動を維持できないような低い価格を設定したり、顧客の意向を無視した価格設定を行ったり、同様の製品やサービスを提供する競合の価格を調査しないで価格設定を行うといったケースが見られます。価格設定に唯一の方法はありませんが、これら3つの基本となる価格設定の考え方を理解し、適切な価格設定を行っていきましょう。

第7講
利便性（Convenience）

　マーケティングの4Pのうち、流通(Place)に該当するものが利便性(Convenience)です。流通とは、企業が提供する製品の購入場所やサービスの利用場所、及びそれらに付随する流通経路や販売チャネル、物流、在庫などを指しますが、利便性はこれを顧客の視点から捉え直したものになります。具体的には、製品の購入やサービスの利用、寄付金や会費の支払いにおける容易さや手軽さ、問い合わせ、申し込み、支払い方法のバリエーション拡大などの利便性を意味します。

　見方を変えると、受益者や支援者の利便性を高めることは、製品の購入やサービスの利用、寄付金や会費の獲得を後押しすることであり、最終的にはNPOが掲げるミッションの達成に繋がることだといえます。この点を踏まえ、団体の経営リソースの負担を考慮に入れながら、可能な限り受益者や支援者にとっての利便性を高めていくべきでしょう。特に支援者に対しては、支援者が支援をしやすい場所とタイミングを見極めることで、支援意欲の高い潜在的な支援者を取り漏らさずに獲得することができます。

1 ｜ 製品提供における流通チャネルの構築

　製品を提供するためには企業と同様に製品を市場に流通させる仕組みを構築しなければなりません。流通チャネルはマーケティング・ミックスの他の要素と違い、自団体の経営リソースだけで構築できるケースはほとんどなく、様々な外部パートナーの協力が必要になります。一般的には、外部パートナーとの条件決定のための交渉や調整には時間がかかり、一度構

築すると簡単に変えることができないため、中長期的な視点から慎重にチャネル戦略を構築していきます。

　流通チャネルの考え方として、昨今では、インターネットとリアルの両方で販売するマルチチャネル戦略を採用するケースも増えています。どのようなチャネルを構築するかは団体のミッションや取り扱う製品の特徴などによって異なりますが、チャネルを構築する際には、流通チャネルの機能について理解をした上で、チャネルの長さとチャネルの幅について検討していきます。

1 流通チャネルの機能

　流通戦略を構築する際には、まず、物流、情報流、商流という3つの流通チャネルの機能と役割を見極める必要があります。

　物流とは、生産された製品を倉庫などで保管し、トラックなどによって小売業者を経て最終的な受益者の元へ配送していく機能そのものを指します。生産と消費との間の時間的・空間的ギャップを埋める機能ということができるでしょう。

　また、保管や輸送を効率的に行うには、正確な受発注情報のやり取りが不可欠となります。さらには、製品開発や生産・在庫予測のために、どのような製品がどのくらい売れているかなどを生産者に伝えたり、受益者に対して製品の使い方を伝えるなど、生産者と消費者との間の情報のギャップを埋める機能が存在します。これが情報流です。

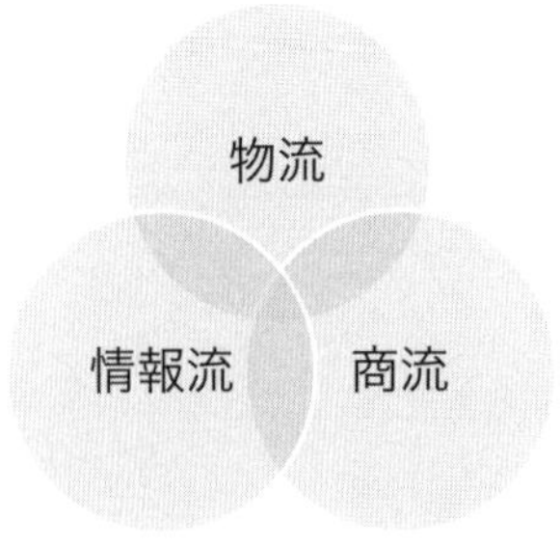

　商流は、製品の売買、売掛け、支払債務の発生など、取引の流れを指します。流通業者の役割や関係性を踏まえ、良好な関係を継続できるような取引条件で契約を交わします。

　このように、流通チャネルは単なる製

図表7・1　流通チャネルの機能

品の販売場所ではなく、顧客の声を集め、ニーズを把握し、それに応えるための双方向のコミュニケーションを可能にする場を提供する存在として戦略的に位置づけなければなりません。

2 流通チャネルの長さ

　チャネルの長さとは、製品が生産されてから受益者の手に届くまで、どのような流通段階を経るのかということです。流通の段階には、ゼロ段階（直販）、1段階（小売業者が介在）、2段階（卸業者と小売業者が介在）、3段階（卸業者、二次卸業者、小売業者が介在）が存在します。一般的に、広範囲にわたって、低コスト・低リスクで製品を販売しようとするとチャネルの階層（長さ）を長くする必要があります。

　ゼロ段階チャネルはいわゆる直販であり、インターネットの登場により今では一般的な流通手段となっています。この他直販の方法としては、自団体の店舗での販売、訪問販売、テレマーケティングと呼ばれる電話を活用した販売、カタログを活用した販売などの手段があります。卸売業者や小売業者を経由しないため、しがらみもなく、マージンも発生せず、利益率を高めることができます。また、団体の経営リソースが限られている場合や活動地域を限定しているなどの理由で規模を追求しない場合は、ゼロ段階チャネルは有効だといえます。反面、販売できるチャネルが自団体のみに限定されるため、集客・告知も自団体だけで行わなければならず、取引の規模も限定されます。

　1段階チャネルは、卸売業者を経由せず、直接小売業者と取引する方法です。例えば、地産地消の促進を行うNPOが契約農家から地元野菜を直接仕入れ、新鮮な野菜を地域住民に安価に提供するというケースがこのパターンに該当します。

　2段階チャネルと3段階チャネルでは卸売業者が介在しますが、2段階チャネルでは生産者であるNPOが卸売業者に、卸売業者が小売業者に、小売業者が消費者である受益者に販売していきます。消費財の販売において多

く見られる形態ですが、生産者にとっては広範囲にわたって販売を行っていく場合はメリットがあります。3段階チャネルでは卸売業者と二次卸業者が介在しますが、日本では典型的な流通経路となっており、食料品や日用雑貨品など、購入頻度が高く単価も低い最寄品（食品や日用雑貨品など）などで見られる形態です。小売業者や卸売業者が存在することにより、市場への流通規模を一気に拡大できたり、在庫の調整もスムーズにできる一方、コントロールが難しく、チャネルごとにマージンがかかるため、生産者価格と消費者価格の間に乖離が発生するというデメリットがあります。

チャネルの長さを決定する際には、どのような地域で、どのようなターゲット顧客に対して、どのくらいの販売を目指していくのかということをミッションに照らし合わせながら考えなければなりません。具体的には、製品の特性、顧客の利便性、競合の動向、流通業者による製品への共感と取引条件（維持管理コスト含む）、自団体の体力（経営リソース）などを踏まえ、最適なチャネルの長さを決定します。

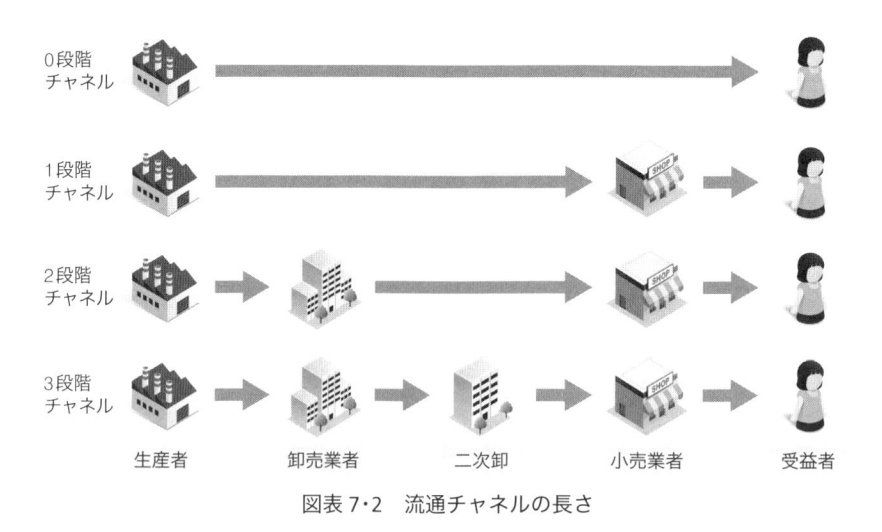

図表7・2　流通チャネルの長さ

アジアで子どもたちへの教育支援や緊急支援を行う公益社団法人シャンティ国際ボランティア会では、タイ、カンボジア、ラオス、アフガニスタ

ンの生産者たちが、それぞれの伝統技術を活かして手作りした製品を「クラフト・エイド」と題して日本で販売しています。現地で生産された手工芸品は、生産者の製品をとりまとめる現地NGOや生産者団体から製品を購入し直販するケースと、販売パートナーと提携して販売してもらうケースに分かれています。前者については、年に一度制作するカタログを中心としたカタログ販売に加え、インターネットを活用したり、団体主催・参加イベントでも販売を行っています。後者については、全国の雑貨ショップなどを対象とした卸売や、学校の文化祭、地域のバザーやイベントなどを対象に、売れ残り品を返品できる委託（20%が販売者の取り分）による販売を行っています。これら卸売先や委託先の選定にあたっては、地域にフェアトレードの輪を広げていくという同団体の活動理念に共感してもらうことを前提としています。

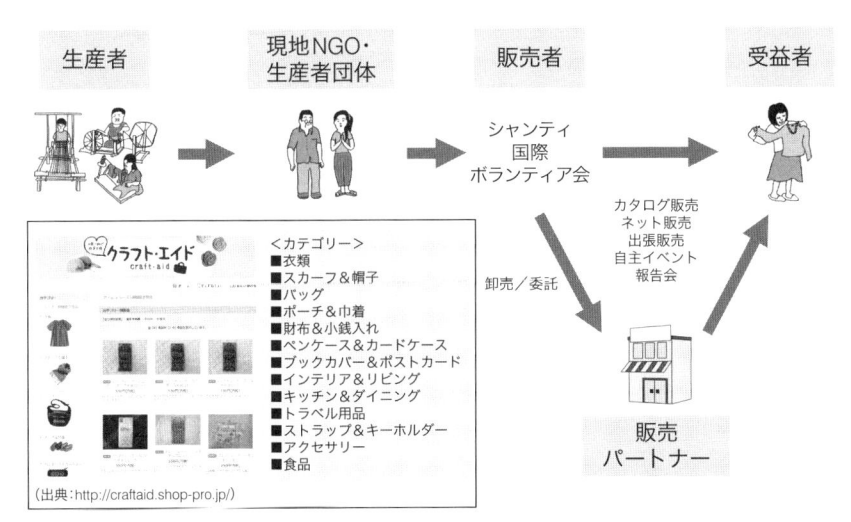

図表7・3 「クラフト・エイド」の流通チャネル （出典：シャンティ国際ボランティア会のサイト http://craftaid.shop-pro.jp/?mode=f1）

③ 流通チャネルの幅

　流通チャネルの長さを決定したら、次に、チャネルの幅を検討していきます。チャネルの幅とは、販売の展開範囲をどこまで広げるかということ

で、流通業者の数を指します。代表的なパターンは、開放型流通戦略、選択的流通戦略、専属的流通戦略の3つです。NPOにおいては、提供している製品の特性を踏まえ、どの流通戦略を採用するかを決定していきます。

図表7・4　3つの流通戦略

経路	特徴
開放型流通経路	■どこでも購入できるようにして市場を広くカバーする ■コントロールする力は弱い
選択的流通経路	■取引先を一定基準で絞り込み、効率の高い業者を選定 ■流通コストを抑えられる
専属的流通経路	■高いブランドイメージを保持して、価格競争を避ける ■購買後のフォローが必要な製品 ■コントロールする力は強い

■開放型流通戦略

どこでも製品を購入できるように市場を広くカバーすることで受益者の利便性を拡大する戦略です。製品の取扱業者を限定せずに、広範囲にわたって開放的に製品を流通させるため、一気にシェアを拡大できるというメリットがあります。一方で、チャネル数が増え過ぎるとコントロールが難しくなり、同じ製品を複数の流通業者が競い合って販売するため、価格の下落、ブランド力の低下などに繋がる可能性が高くなります。一般的には、高級ブランド品よりも、お菓子、洗剤、雑誌といった食品や日用雑貨品などの最寄品や消耗品の販売に適した戦略です。

■選択的流通戦略

卸売業者や小売業者を資金力や販売力、販売協力の意向や実績、競合製品の取り扱い状況などの一定の基準で絞り込み、販売効率の高い業者だけを選定して良好な関係を構築し、優先的に製品の供給を行っていきます。適度にチャネルをコントロールできる一方、開放的流通戦略に比べると市場への製品拡大スピードは遅くなります。一般的には、化粧品や衣料、家電など、ブランド性や信頼性が重視される買回り品に多い戦略です。

■専属的流通経路

　高級品など、ブランドイメージをコントロールするため、原則として、特定地域において自団体の製品のみを取り扱うことを条件に流通業者に独占的な販売権を与える戦略です。チャネルをコントロールしやすく、価格競争に巻き込まれませんが、チャネル間での競争原理が働かないこと、受益者に対する製品の購入機会が少ないことなどのデメリットがあります。

2 │ サービス提供における利便性の拡大

　製品の提供におけるチャネル構築と同様、NPOの活動の大半を占めるサービスの提供おいても、受益者の利便性を高める工夫が不可欠です。受益者にとっての利便性とは、サービスを利用する手段と時間・場所の拡大です。基本的に、これらの利便性を高めることがサービス利用の促進に直結するため、NPO自身に対してもメリットをもたらします。一方で、団体の経営リソースを度外視したサービス・レベルを提供し、資金難に陥るようなことがないように現実的な判断が必要です。

図表7・5　サービス提供における利便性の拡大

（インターネット、電話、FAX、Eメール、QRコード、映像配信、移動施設、チェーンストアとの提携、自動交付機、24時間提供、セルフサービス、ドライブスルー　→　サービス提供における手段、場所・時間の拡大）

1 サービス提供手段の拡大

　サービス利用者の利便性を拡大するための方法の1つが、サービス提供手段を複数用意することです。情報テクノロジーをはじめとする技術革新により、以前と比べ、サービス利用者にとっての選択肢は充実したものになっているといえるでしょう。

■インターネット

　時間を問わず、地理的な制約もないインターネットの登場により、サービス利用者に対する利便性は格段に向上しています。例えば、「意志ある寄付」で社会を変えることをミッションとしている公益財団法人パブリックリソース財団では、NPOなどのマネジメント全般に関する基礎的な知識を身に付ける講座「NPO実践マネジメント入門講座 通信講座」をインターネット上で提供しています。テキスト学習とeラーニングによる通信制講座となっているため、時間や場所の制約を気にせず、自分のペースで学習することができます。

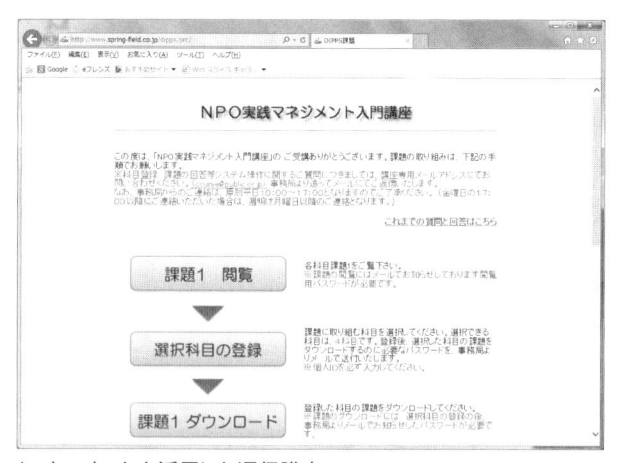

図表7・6　インターネットを活用した通信講座（出典：http://www.public.or.jp/products/lecture02.html）

■電話

　ドメスティック・バイオレンス、自殺防止、いじめ、子どもの不登校・引きこもり、障害者、エイズ、犯罪・事故の被害者、認知症の介護、労働

に関する分野では、経済的な負担なしで手軽に利用できる、電話相談サービスの提供が一般的です。サービスの一環として、利用者が心理的な負担を感じないように匿名による相談も受け付けています。

■ FAX

NPOが開催するイベントや講座への申し込みを、電話やEメールのみならず、FAXでも受け付けることで、申し込む側にとっては時間を気にする必要がないというメリットがあります。一方、申し込み履歴が証拠として残るため、団体側にとっても事務処理の間違いを軽減できるというメリットをもたらします。

■ Eメール・QRコード

長野県でNPOや市民活動団体の活動支援を行う地域活動応援チームえんのわでは、EメールやQRコードを活用した市民活動の悩み相談を受け付けており、利用者が24時間好きな時間に問い合わせができるようにしています。

■ 映像配信

提供しているサービスの詳細を分かりやすく伝えるために、団体パンフレットや団体HPでの静的な画像に加え、昨今では、映像（動画）を積極的に活用するNPOが増えてきています。映像を活用することで、無形のサービスの価値を可視化して伝えることができ、潜在的なサービス利用者の理解度や納得度も高まり、結果としてサービスの拡販にも繋がります。

図表7・7　Eメール・QRコードを活用した相談サービス

がん医療に関する情報を提供し、がん疾患啓発を行うNPO法人キャンサーネットジャパンでは、団体HP上で「がん情報ビデオライブラリー」を運営しています。このライブラリーでは、インターネットを通じて同団体が提供する様々なコンテンツを、資料を見ながら、音声と映像で視聴することが可能になっています。オンデマンド方式を採用することにより、

利用者は、インターネット環境があれば時間や場所の制約なく、必要な情報を、必要な時に、必要なだけ得ることができます。

図表7・8　映像を活用したコンテンツの配信 (出典：http://cancerinfonavi.extide.mediasite.co.jp/Mediasite/Viewer/?peid＝92211a748994407b82e809c213fef60c)

■ドライブスルー

ファーストフードをはじめ、企業セクターでは既に導入されているサービス提供形態ですが、公的セクターにおいては、公共施設である図書館で借りた本を返却する際にドライブスルーでブックポストに返却できるサービスが提供されています。最近では、薬局などでもドライブスルーにより処方薬の受取りを可能にしているところも登場しており、施設をベースに活動を行うNPOにおいても導入を検討する価値があるでしょう。

■セルフサービス

セルフサービスとは、サービス提供者による接客などの介在なしでサービスの選択や利用をすることです。例えば、まちおこしの一環として「街コン」を企画するNPOでは、セルフサービスで食べ物や飲み物を提供する方が、参加者が自由に自然な流れでパートナー探しを行えるため満足度が高くなります。また、セルフサービスを採用することにより、NPO側にとっても、スタッフやボランティアの時間や作業を削減することができるというメリットがあります。

セルフサービスは、サービスの利用者のみならず、提供者側のNPOにとっても価値をもたらすものですが、利用者に対する案内が不十分であるとサービス提供時に混乱を引き起こしたり、スタッフの説明がないためサービスの価値を伝えきれなかったりする可能性があるので注意が必要です。

② サービス提供時間・場所の拡大

　サービス利用者に対する利便性拡大のもう１つの切り口が時間・場所の拡大です。時間の拡大については、年間365日・１日24時間という上限に対し、いかに一般的な営業時間（9時〜17時など）を拡大して、サービス利用者のニーズに応えられるかを検討します。場所についても、通常サービスを提供している固定化された場所から、潜在的な利用者が移動する負担を軽減できるような場所を開拓していきます。

　なお、サービス提供時間・場所の拡大には人件費や施設使用料などの負担増が伴うため、団体の経営リソースとのバランスを図りながら、無理のない範囲で対応を進めていきます。

■ 24時間提供

　夫婦共働きや片親の家庭などを対象とした24時間年中無休の保育施設の運営や緊急通報システムを使用した高齢者の24時間見守りサービスなどは、受益者のニーズに対応したサービスといえるでしょう。また、前述の自殺予防や労働・生活相談などでは、24時間電話相談を受け付ける体制を整えているNPOもあります。

■ 自動交付機

　NPOではありませんが、市区町村役場などに設置された自動交付機で、住民票、印鑑登録証明書、各戸籍の証明書などを取得することができます。サービス提供側にとっては、営業時間外のサービス利用ニーズに対して、自動交付機の設置により人件費などを削減することができます。また、利用者にとっても、営業時間を気にせず自分の都合に合わせてサービスを利用することができるというメリットがあります。

■チェーンストアとの提携

　障害者の就労支援施設で生産された食べ物を地元のコンビニエンス・ストアの協力を得て販売するケースなど、特定地域内もしくは全国に複数の店舗を持つ企業などと提携し、受益者に対する利便性を拡大します。特にコンビニチェーンは地域内にきめ細かく複数の店舗展開を行っているため、提携することでサービスの提供場所を拡大することができます。また、24時間営業という時間の拡大も可能となるため、提携する価値は非常に高いといえるでしょう。

■個別訪問・宅配

　店舗でサービスを提供するだけでなく、受益者宅や施設などを訪問してサービスを提供します。障害者や高齢者に対する訪問介護、鍼灸マッサージの提供、福祉施設や医療施設で生活している高齢者に対する理美容サービスなど、外出が困難な人を対象としたサービスです。

　宅配には、会員に対して有機野菜やオーガニック製品を定期的にお届けしたりするものや、高齢者や体の不自由な方に食事、食品や日用雑貨品などお届けしたりするサービスなどがあります。

■移動施設

　公益社団法人シャンティ国際ボランティア会では、東日本大震災発生後

図表7・9　移動図書館プロジェクト

の復旧支援活動を岩手県、宮城県、福島県で行っていますが、本来の活動地域であるアジア諸国で培った図書館運営のノウハウを活用し、2011年7月から、図書館が損壊を受けた地域の仮設住宅を中心に移動図書館を巡回させています。図書館機能が大きく低下した地域に暮らす人々が本を手にし、必要な情報を得、自由に交流できるような場づくりをサポートすることを狙いとしています。

3 │ 問い合わせ・申し込み・支払い方法の拡充

　受益者や支援者による問い合わせに備え、NPO側でなるべく複数の受け口を用意することで、製品の購入やサービスの利用、寄付金や会費獲得の可能性が高まります。また、イベントや講座などへの申し込み方法や製品やサービスの料金、寄付金や会費などの支払い方法を複数用意することは、単なる利便性の拡大のみならず、自団体にとっても収入拡大に直結するというメリットがあります。NPOとしては、これらの対応を行うために必要なコストを把握し、可能な限り多くの受け口を用意していきます。

問い合わせ・申し込み方法	支払い方法（※）
・電話・フリーダイヤル ・FAX ・インターネット ・携帯端末 ・QRコード	・銀行振込 ・郵便振替 ・現金（手渡し・街頭募金・募金箱） ・クレジットカード ・インターネット決済 　（コンビニ決済、ネットバンク、 　　電子マネーなど） ※寄付金の支払い方法の場合

図表7・10　問い合わせ・申し込み・支払い方法の拡充

① 問い合わせ・申し込み方法

　受益者や支援者は、NPOが提供している製品やサービス、支援メニュー

に興味や関心を抱いたり、実際に利用・購入・支払いをしようとした際に、その製品やサービスの機能や効能、配送やサポート、寄付や会費の支払い方法や税控除などについてNPOに問い合わせをすることがあります。そして、問い合わせ内容が解決したら、実際に申し込みへと進んでいきます。NPOは、こうした受益者や支援者の行動を理解し、問い合わせ方法や申し込み方法のバリエーションをなるべく多く用意します。

　電話やFAX、団体HPのURL、メールアドレス、QRコードなど、問い合わせや申し込みの手段を「レスポンスデバイス」といいますが、受け口のバリエーションが多ければ多いほど、潜在的な受益者や支援者の利便性が高まるとともに、NPOにとっても収入の増加に繋がります。その際、対応にかかるコストをしっかりと把握し、どこまでの範囲で対応するのか、また、すぐに対応できない場合にはいつ頃を目途に対応するのかなどの検討を合わせて行います。

◼︎電話・フリーダイヤル

　電話による問い合わせや申し込みを可能にし、潜在的な受益者や支援者の利便性を高めます。さらに可能な場合は、フリーダイヤルを提供して受益者や支援者に対する電話代の負担をなくします。

　電話をかけてもらいたい営業時間が決まっている場合はその旨明記し、受益者や支援者が電話をかける時間帯について悩んだり迷ったりしないように配慮します。なお、団体の信頼性を高めるためにも、個人の携帯電話番号を問い合わせ先電話番号とするのは避けるべきでしょう。

◼︎ FAX

　イベントや講座への参加申し込み、書籍やブックレット、有料レポートの購入など、FAXによる申し込みを受け付けます。特に、チラシを活用してイベントや講座の告知を行う際には、チラシの裏面をFAX返信フォームにすることで利便性と申し込み率の両方を高めることができます。

◼︎インターネット

　団体HP内に設置した入力フォームやEメールにより問い合わせ・申し

込みを受け付けるなど、インターネットを積極的に活用します。特に、入力フォームを設置する場合には、入力フォーム最適化（EFO：Entry Form Optimization）を意識し、受益者や支援者が入力する手間を極力省き、短時間で正確に必要な情報が入力できるような配慮が必要です。エラーが頻発したり、入力する項目数が多過ぎてストレスを感じさせてしまうと、入力を完了する前に離脱する可能性が高くなります。

■携帯端末・QRコード

携帯電話やスマートフォンなどの携帯端末の普及により、NPOセクターにおいてもQRコードを活用した申し込み方法の提供が一般的になってきています。特に昨今では、スマートフォンが年代を問わず社会に浸透しつつあるため、NPO側でも携帯端末を活用したコミュニケーション手段の拡充は意識しておくべきでしょう。

② 支払い方法

問い合わせ方法や申し込み方法に加え、NPO側で可能な限り支払い方法のバリエーションを用意します。特に支払いについては、受益者や支援者が製品の購入やサービスの利用、寄付金や会費の支払いを決定した後のアクションであるため、取り漏らすことのないように最大限配慮しなければなりません。

支払い方法は、ターゲットである受益者や支援者が望む支払い方法を全て提供するにこしたことはありませんが、NPO側に利用手数料や事務処理負担などが発生するため、導入にかかるコストと見込まれる収入をシュミレーションし、慎重に検討を進めていきます。

以下では、特に寄付金の支払い方法について解説していきます。NPOにおいては、団体・支援者双方に対する手数料負担などの経済性、支援の継続性、付随する事務処理などの煩雑性、個人情報の収集・活用などの戦略性の4点を意識しながら、提供する支払方法のバリエーションを決定していきます。

■銀行振込

　駅やコンビニエンス・ストアなど、身近な場所で振り込むことができたり、利用している銀行のインターネット・バンキングが活用できるというメリットがあります。デメリットとしては、手数料の負担に加え、得られる個人情報がカタカナに限定されること、入力できる文字数に制限があるため支援者の特定が難しいことなど、顧客との関係構築・維持に難点があります。支援の継続性を確保するとともに、NPO側の事務処理負担の軽減を狙い、可能な限り口座振替（自動引き落とし）へ誘導していきます。

■郵便振替

　振込用紙に取得したい項目を印字することで個人情報を得られる点や、手数料を支払う側が負担するのか、NPO側が負担するのかを使い分けることができる点など、銀行振込と比べ自由度が高いのが特徴です。ただし、店舗で振り込む際に、近くに郵便局がない場合は不便です。銀行振込と同様、支援の継続性を確保するために口座振替（自動引き落とし）へ誘導していきます。

■現金（手渡し・街頭募金・募金箱）

　NPOと支払い側の双方に手数料がかからない点やNPOのキャッシュフローに寄与する点などのメリットがあります。一方、現金の直接的な授受のため、保管や移送における安全性に問題があります。

■インターネット決済

　インターネットで時間や場所を気にせずに支払いが可能なため、日中、金融機関の店舗に行くのが困難なビジネスパーソンやインターネットの利用に慣れた若者などを新規顧客として獲得できる可能性があります。

　インターネット決済の中でも、広く社会に浸透しているクレジットカード決済の場合、NPO側の顧客管理戦略に合わせて収集する個人情報の項目を設計することができるのに加え、カードの利用者にとっても、手数料を負担しなくて良い点やカードの利用によりポイントが貯まる点などのメリットがあります。一方、デメリットとしては、カードの種類によっては取

り扱えない場合があること、クレジットカード決済の導入には審査が必要で費用がかかること、利用する側にはセキュリティや個人情報漏洩などの心理的不安があることなどが挙げられます。

　この他、インターネット決済には、コンビニエンス・ストア決済、ネットバンク、電子マネーなどがありますが、支払う側が利用できる金融機関や店舗が限られていることや、インターネット・バンキングが行える銀行口座を保有している必要性があること、事前にアプリケーションなどの利用設定が必要なこと、NPO側が負担する手数料との兼ね合いで、支払い金額の上限や下限が決められており、寄付者が金額を自由に選べない不便さがあることなど、いくつかの制約があることを認識した上で提供を検討するべきでしょう。

　なお、寄付金の支払いにおいては、これらの支払い方法に加え、各種サービスで貯まったポイントによる寄付をはじめ、マイレージの寄付、クリック募金、オンライン・ショッピングを通じた寄付など、必ずしも現金の授受が発生せず、寄付者にとって手軽・気軽にできる寄付方法があることを認識しておきましょう。

4 ｜ 支援の場所とタイミング

　寄付金や会費などの金銭的支援を獲得するには、支援者が支援をしやすい環境(利便性)を提供することがポイントです。具体的には、支援をする場所とタイミングへ配慮し、支援者にとって違和感のない、自然な流れで支援を獲得していきます。NPOに対する興味や関心の薄い人に支援をお願いすることに労力を使うのではなく、支援の意向のある人の背中をそっと押しながら支援を獲得していく方が効率が良いのは言うまでもないでしょう。

① 支援の場所

　支援を効率良く獲得するには、潜在的な支援者が集まっている、もしく

支援の場所	支援のタイミング
・イベントやセミナーなどの会場 ・中間支援組織 ・人が集まる場所 ・団体HP ・寄付ポータルサイト ・クラウドファンディング・プラットフォーム	・購入のタイミング ・釣銭発生のタイミング ・災害発生時（緊急支援） ・歳末の寄付シーズン ・年中行事や強化月間 ・ライフサイクルにおける記念日・イベント ・団体の周年記念

図表7・11　支援の場所とタイミング

は、集まりそうな場所がどこなのかを見極めなければなりません。以下に挙げるとおり、支援の意向が高いと想定される場所をうまく活用して、漏れなく支援者を獲得していきます。

■イベントやセミナーなどの会場

自団体の主催イベントなどは、団体の活動に興味を持った人が集まるため、当然ながら支援の意向が高いことが想定されます。また、講演者として外部から招聘される場合も、当該講演者（団体）に興味や関心を持っている人が参加するため、主催者側のポリシーに抵触しない範囲で直接参加者に支援をアピールしたり、支援メニューを記載した団体パンフレットやチラシなどを配布させてもらうようにします。

■中間支援組織の活用

各地域の市民活動センターやNPOサポートセンターなどに団体登録や会員登録を行うことにより、これら中間支援組織を訪れる、地域のNPOに興味関心を持った人に団体の存在や活動内容を知ってもらい、金銭的支援を獲得する可能性を高めます。

■人が集まる場所の活用

駅前、商店街、スーパーマーケット、ショッピングモールなど、人が多く集まる場所で街頭募金などを行います。

■団体HP

　目的は様々ですが、団体HPへの訪問者は、当該NPOに対して何らかの興味や関心を持った支援の見込み度の高い人といえます。これらの人からの支援を取り漏らさないように、団体HP内には会員制度の紹介や寄付を募集するページを開設し、分かりやすく誘導していきます。

　なお、団体HPへの訪問者の中には初めて当該HPを訪問する人も存在するため、金銭的支援だけを紹介するのではなく、ボランティアなど、他の支援方法についても記載します。また、関係構築のためのメールマガジンやメールニュース登録への誘導やイベント情報の提供なども必須です。

■寄付ポータルサイト

　「JustGiving」や「GiveOne」などの寄付ポータルサイトでは様々な分野における社会課題解決プロジェクトが紹介されており、寄付などの手段でそれらプロジェクトを応援しようとする潜在的な支援者が訪問しています。一般的には、これらのサイトへ情報を掲出するには利用料金や各種手数料などがかかりますが、金銭的な支援を獲得するだけでなく、広く団体の存在や活動を知ってもらえるコミュニケーション手段の1つとして活用することもできます。

■クラウドファンディング・プラットフォーム

　クラウドファンディング(crowd funding)とは、インターネットを通じて、不特定多数の人から比較的少額の資金を獲得する活動です。従来のファンドレイジング(資金獲得)と違い、支援金が何に使用されるかの使途が明確であり、ソーシャルメディアとの相性が良い点、目標・進捗状況が可視化されることによりゲーム性や達成感が味わえる点などの特徴があります。

　日本では2011年から、「READYFOR?」や「CAMPFIRE」などのプラットフォーマーが登場したのを皮切りに、昨今では、地域を限定したり、スポーツなどの特定の分野に特化したプラットフォーマーも現れ、その市場が急速に拡大しています。

　寄付ポータルサイトと同様、NPOなどによるプロジェクトが複数紹介さ

れており、金銭的支援を行う意向の高い潜在的な支援者が訪問しています。NPOとしては、支払う手数料と獲得できる資金の費用対効果を考慮しながら積極的に活用していくべきでしょう。

② 支援のタイミング

場所と同様に、支援者にとって支援を行う意向や意識が高まりやすいタイミングを見計らって支援を働きかけていきます。人のライフサイクルにおける特定の時期や年間の行事など、何かのきっかけで支援をする意識や気持ちが高まるタイミングがあります。誰しもが、いつも支援する意向を持っているわけではないため、無理に寄付をお願いするよりも、寄付をしやすいタイミングに支援をお願いする方が効果効率は高くなります。NPOはこうした機会を見逃さずに活用し、さらに自ら積極的に機会を作り出していくことによって獲得する支援を最大化していきます。

■ 購入のタイミング（コーズ・マーケティングとの連携）

消費者が企業の製品やサービスに対してお金を支払うタイミングを狙い、企業と連携してコーズ・マーケティングを実施します。コーズ・マーケティングとは、社会的な課題を解決しながら、同時に企業の売上や利益の拡大にも繋げるというマーケティング手法で、企業の製品やサービスの売上・利益の一部をNPOなどに寄付するという仕組みです。歴史的には米国クレジットカード会社のアメリカン・エキスプレスが1983年に実施した「自由の女神修復プロジェクト」がその先駆事例だとされていますが、カードの発行1枚あたりやカードの利用1回ごとに寄付を行った結果、寄付総額は170万ドルにも達しています。

最近では、ミネラルウォーターのボルヴィックによる「1L for 10L」プログラムが成功事例として知られています。原水の成分やパッケージ以外に競合製品との差別化を図るのが難しいミネラルウォーターに社会貢献の要素を組み込み、「どうせ買うなら社会に良いものを」という消費者の意識を喚起した仕掛けです。

これ以外にも、消費者がお金を支払うという行為の中でその一部を寄付に回す仕組みとしては、各種施設や屋外に設置された寄付金付きの自動販売機などがあります。

■釣銭発生のタイミング

　コンビニエンス・ストア、スーパーマーケット、レストラン、ホテルなどの支払い時に発生する「釣銭」を狙い、レジ横などに募金箱を設置します。

■災害発生時（緊急支援）

　大地震や津波、火災などの災害発生時に人は寄付をする理由や妥当性を強く感じます。このため、特に災害救援を行うNPOは、災害発生時に遅滞なく寄付獲得のためのアクションを起こし、獲得する寄付金を最大化できるような仕組みを常日頃から構築しておきます。

■歳末の寄付シーズン

　1年のうちでも、年末10月〜12月は寄付をする意向が高まりやすい時期です。日本においては、赤い羽根共同募金の活動が毎年10月1日から開始されますが、新聞やテレビなどのメディアで街頭募金の様子が取り上げられるため、社会全体として寄付を意識しやすい時期となっています。

　また12月は会社員や公務員にボーナスが支給され、クリスマスや年末年始に向けた消費が1年で最も盛んになる時期でもあります。NPOとしては、こうした消費行動が高まる時期に乗じて、出費（寄付）先の1つとして選択してもらえるようなアピールを行っていくべきでしょう。

■年中行事や強化月間

　支援者に寄付をお願いする際に、いかにその理由や名目、納得性を伝えられるかがポイントになります。1年をとおして公式の祝日や記念日などがありますが、それらのタイミングをうまく活用しながら、寄付へと誘導するきっかけを与えます。

　例えば、毎年10月の「乳がん月間」では、乳がんの早期発見を啓発するピンクリボン運動と連動した取り組みが実施され、メディアにその様子が取り上げられるため、社会的にも注目が高まります。この他にも、「世界

人権デー」（毎年12月10日）、「世界フェアトレードデー」（毎年5月の第2土曜日）、「世界子どもの日」（毎年11月20日）、東京都による「東京都エイズ予防強化月間」（毎年11月16日から12月15日）など、国内外の記念日や強化月間があります。NPOは、社会全体の機運が盛り上がるこれらのタイミングをうまく活用して、社会課題や団体の活動内容の認知拡大、及び支援の獲得を行っていきます。

■ライフサイクルにおける記念日・イベント

支援者のライフサイクルにおける記念日やライフイベントに乗じて寄付などの支援を訴求していきます。例えば、結婚、出産、成人、葬儀、遺贈、相続など、冠婚葬祭をはじめとするイベントが挙げられます。

昨今では、遺言書によって自分の財産を相続人以外の特定の人や団体（NPOなど）に譲り渡す「遺贈」や、相続した財産の寄付、お香典返しとしての寄付などが一般化しつつあります。

■団体の周年記念

NPOの設立周年記念に合わせ、イベントを実施する中で寄付を獲得したり、新規会員や寄付キャンペーンなどを展開します。団体にとって歴史的な節目となる年は、通常ではないような社会からの注目を浴びる絶好の機会となるため、仕掛ける側としては、数少ない機会を最大限に活用するための入念な準備が必要です。

受益者や支援者に対する利便性の提供は、ともすると見落としたり、疎かにしがちです。広告や広報などと違い、製品やサービスの購入・利用意向や寄付などの支援意向が非常に高い人たちに対する施策であるため、成果にも直結します。製品やサービスの提供手段や時間・場所、問い合わせ・申し込み・支払い方法、支援の場所とタイミングなど、団体の経営リソースを踏まえながら、可能な限り、利便性を高めるような取り組みを行っていきましょう。

第8講
コミュニケーション（Communication）

　マーケティングの4Pにおいて、コミュニケーションと対比されるのは販売促進（Promotion）ですが、この言葉は、企業から顧客に対する一方通行の情報提供を意味します。コミュニケーションは、双方向で情報をやり取りすることが前提であり、顧客の声に真摯に耳を傾けてニーズを把握し、そのニーズに応えるような製品やサービス、支援メニューを提供し、顧客満足度を高めるという一連の作業を指します。

　NPOが取り組む社会課題は、目に見えづらい、顕在化しにくい、当事者意識を持ちづらい、成果が分かりにくい、といった特徴を持つものが大半です。だからこそ、NPOセクターにおいては、社会に対して課題の存在を知らせ、理解してもらい、具体的な行動へと誘導するための緻密なコミュニケーション戦略を構築する必要があるのです。その一方で実態は、思いつきや思い込みに基づいた一方的なコミュニケーションがほとんどで、経営リソース不足という問題はありますが、コミュニケーション戦略をきちんと策定し、目的やその成果まで明確にできているNPOは非常に限られています。

　こうした現状を踏まえ、NPOでは、あらためてコミュニケーション戦略の全体像を描き直す必要があります。コミュニケーションの目的を明確にし、団体内で共有し、売上金額、参加人数、認知度、ページビュー数、クリック率などの目標や指標を設定し、それらを達成するための予算を決定します。その上で、コミュニケーション手法と活用するメディアの選定、制作物の開発へと進めていきます。また、コミュニケーションは実施するだけでなく、設定した目標に対する効果についても忘れずに測定を行わな

ければなりません。

1 ｜ コミュニケーションの目的

　コミュニケーションを実行する際には、まず、その目的を団体内で明確にし、共有していきます。NPOにおけるコミュニケーションの役割や機能としては、以下のようなものが挙げられます。
- 社会に存在する課題とその解決方法を認知させる
- 社会に価値をもたらす製品やサービスの存在を認知させる
- 価値観や行動変革を促進するための動機づけと具体策の提示を行う
- 団体の価値や支援の必要性を伝えて支援者を獲得する
- 既存の受益者や支援者との継続的な関係性を維持する
- 団体の認知度や好感度、ブランドイメージを高める
- 団体に関する不正確・不十分な情報を訂正する
- 事前に情報提供を行うことで、不確実性や知覚リスクを軽減する
- インセンティブや保証を提示し、製品の購入やサービスの利用を促す
- 製品やサービスの閑散期の需要喚起と繁忙期の需要抑制を行う
- 競合に対するポジショニングと優位性を伝える
- 協働相手や提携パートナーからの信頼・支持を得る
- 団体スタッフやステークホルダーに対する情報提供を行う
- 団体スタッフやボランティアの雇用（採用）促進や動機づけを行う

　NPOでは、こうしたコミュニケーションの役割や機能を踏まえ、実施しようとするコミュニケーションが何を狙ったものなのかを明確にして、団体内で意識合わせをします。以下で解説する、コミュニケーション・ミックスやメディアの選定、制作物の開発は、この目的を達成するものでなければならないのは言うまでもありません。

2 ｜コミュニケーション・ミックス

　コミュニケーション戦略を策定するにあたり、まずは設定したターゲットに対する効果的なコミュニケーション手法の組み合わせである、"コミュニケーション・ミックス"を検討していきます。コミュニケーション手法は、①広告、②販売促進、③人的販売、④パブリシティ・PR、⑤口コミの5つに大別されますが、"ミックス"という言葉が表すように、各手法

図表8・1　コミュニケーション・ミックス

チャネル	特徴	手段	経済性	到達性	伝達性
広告	マス広告など、有料の広告媒体を使って顧客に一方的に伝えられる手法。一部のNPO以外は有料広告を実施するのは困難であり、比較的、費用対効果の高いインターネット広告の活用が今後のカギ。なお、NPO向けに、ACジャパンが無償提供する「公共広告」がある。	マス広告（テレビ、ラジオ、新聞、雑誌）、交通広告、屋外広告、インターネット広告など	×	◎	○
販売促進	製品の購入やサービスの利用、寄付などを喚起・促進するために提供する直接的・短期的なインセンティブ。費用はかかるが広告ほどではない。特に、チラシ、ダイレクトメール、イベント、ノベルティ提供は、NPOにおいても頻繁に活用されている。	販促チラシ、ダイレクトメール、展示会・見本市、販促イベント、ノベルティ・プレミアム提供（景品など）、サンプル呈示（試食や試飲など）、コンテスト、クーポン、キャッシュバック、会員割引、増量、懸賞など	○	△	○
人的販売	受益者や支援者に対し、団体スタッフ・ボランティアが販売行為を行ったり、活動内容や支援の必要性を伝えて寄付を獲得する手法。極めて双方向性が高いがコストがかかる。	店舗販売員、訪問営業、ファンドレイザー、電話勧誘など	△	×	◎
パブリシティ・PR	パブリシティは、新聞、テレビ、雑誌、ラジオなどに記事として無料で取り上げてもらう手法。信頼性向上に有効な手段であるが、取り上げられる保証はない。またPRは、ステークホルダーとの良好な関係を構築するための活動で、NPOに不可欠。	プレスリリース、記者会見、PRイベント、PRチラシ、メディアキャラバン、プレイスメントなど	◎	◎	○
口コミ	受益者や支援者は、NPOではなく、身近な人からの情報に信頼性や価値を置く傾向があるため、NPOが発信する情報を循環させる仕組みが必要。インターネットの普及（特にソーシャルメディア）により、口コミを誘発することが容易となっている。	日常会話、インターネット（コミュニティサイト、ソーシャルメディアなど）など	◎	○	◎

経済性：実施にかかる費用　　到達性：リーチできる（人）数　　伝達性：伝えられる情報の深さ

の特性や役割を理解し、適切な組み合わせを考えていきます。逆に言うと、これらの手法のいずれか1つを実施すればよいということではなく、活動分野やターゲットの特徴、団体の成長フェーズやコミュニケーションに投下できる資金力などを念頭におきながら、各手法の長所や短所を考慮した組み合わせが必要だということです。

1 広告

　広告とは、テレビ、新聞、雑誌、ラジオなどのマス媒体を中心とした有料の広告媒体を使って顧客に一方的に伝えられる情報です。大半のNPOでは、これら広告に投下できる資金が不足していることと、特に課題解決型NPOにおいて、広告費ではなく事業費に支援金を使ってもらいたいという支援者の要望があるため、有料の広告を積極的に活用しているのは事業収入を中心とした価値提供型のNPOや大手国際協力NGOなどに限られています。また、大手NPOの中には、公益社団法人ACジャパンが実施する無償の「公共広告」枠を活用して、テレビや新聞などのマス媒体、街頭・屋内ビジョン、駅や電車などの交通広告、インターネット広告などを活用した広告展開を行う団体もあります。

　最近では、NPOセクターにおいても比較的安価で費用対効果の高いインターネット広告の活用が進んでおり、検索連動広告や行動ターゲティング広告などへの出稿がみられるようになっています。

2 販売促進

　製品の購入やサービスの利用、寄付や会員申し込みなどを喚起・促進するために提供する直接的・短期的なインセンティブが販売促進です。一般的には、販促チラシ、ダイレクトメール、製品やサービスの販促イベント、プレミアム提供、サンプル呈示、各種割引などを指しますが、広告ほど費用はかかりません。中でも、製品の購入やサービスの利用、イベントや講座、寄付や会員の申し込みなどを訴求した販促チラシやダイレクトメール、

販促イベント、団体ロゴ入りのノベルティ提供は、NPOにおいても比較的多く活用されている手法です。

　NPOセクターで最も多く活用されているのが、製品やサービスの購入や利用、イベントや講座への収客、寄付や会員申し込みなどを訴求した販促チラシです。デザインから印刷までNPO内製で行い、配布も無料で設置できる公共施設（市民活動センターやNPOサポートセンター、図書館、公民館など）を活用することが多いため、人件費以外のコストはほとんどかけずに実施することができます。ダイレクトメールは、直接、製品やサービスを訴求したり、既存の寄付者や会員に対して更なる金銭的支援をお願いする手段として、ターゲットを絞り込んで実施されています。また、まちおこしのための物産展などの販促イベントを実施したり、会員特典として団体ロゴの入ったノベルティを提供することなども、NPOの販売促進施策としては一般的でしょう。

③ 人的販売

　人的販売は、店舗において、もしくは訪問による営業活動により、販売スタッフが顧客に製品やサービスの特徴を説明し、購入や契約締結へと誘導していく方法です。特に、NPOセクターでは、資金調達を専門に行う人をファンドレイザーと呼んでいます。他のコミュニケーション手法と比べた強みは、顧客に対する交渉・説得機能を有する点です。人が直接介在するため双方向性が非常に高く、予算や機能・品質など顧客のニーズや不満、不安、悩み、競合の検討状況などを聞きながら、顧客の要望に適うように条件調整と説得を行いクロージングに結びつけることができます。特にNPOセクターにおいては、目に見えづらい団体の活動や成果を直接伝えて共感を獲得し、製品やサービスの購入や支援の獲得に繋げられるという成果をもたらします。

　一方、販売スタッフやファンドレイザーを有給の正規スタッフとして雇用する場合は、人件費が固定でかかること、また、広告と比べて情報を届

けられる量（人数）が少ないことから、見込み顧客1人当たりの獲得コストは高くなります。このため、NPOにおいては、営業スキルを持ったボランティアやプロボノをいかに巻き込むことができるかが課題の1つといえるでしょう。

　なお、NPOの中には、電話を活用したテレマーケティングにより寄付者や会員の獲得を行っている団体もあります。対面ではないものの、直接、潜在的な支援者と会話を行うため、広告などの一方向のコミュニケーション手法と比べるとクロージングに至る可能性が高いという特徴があります。

④ パブリシティ・PR

　パブリシティとは、テレビ、新聞、ラジオ、雑誌などに記事として無料で取り上げてもらうことです。一般的に広告は、有料で、好きなメッセージ（表現）を、好きなメディアに、好きなタイミングで露出することができるという特徴があります。これに対してパブリシティは、無料で、第3者による記事のため客観性がある一方、掲載内容やタイミングを指定できず、そもそも取り上げてもらえる保証がないという特徴を持っています。公益性の高い活動を行うNPOにとっては、信頼性を高めるためにも非常に有効なコミュニケーション手法だといえますが、露出をNPO側でコン

広告	パブリシティ
■有料（テレビなどは特に料金が高い） ■団体の好きなようにメッセージを制作することができる ■団体の選定したメディアに掲載することが可能 ■団体の意図したタイミングで広告を掲載することが可能 ■繰り返し広告を出すことで、団体やサービスの認知拡大につながる	■無料（広告費に換算すると効果は大） ■第3者による記事なので、客観性、信憑性が高い ■そもそも記事として取り上げてもらえるかどうかの保証はない ■掲載内容をコントロールできない ■団体の意図したタイミングで取り上げてもらえない ■取り上げてもらうには、常に新規性や話題性などが必要

図表8・2　広告とパブリシティの違い

トロールできないという難点があります。このため、新規事業の立ち上げや各種キャンペーンやイベントの開始など、確実に認知を獲得したいときには広告と組み合わせた活用が不可欠となります。

NPOにおいては、パブリシティに加え、広く、PR（Public Relations）を意識するべきです。PRとは、NPOが関係を持つ団体内外の様々なステークホルダーと、良好な関係を維持するための活動全般を指します。具体的なPRツールとしては、PRイベント、事業報告書・年次報告書、団体パンフレット、会報誌（ニュースレター）、PRチラシ、ポスター、団体HP（ブログ、ソーシャルメディア含む）、インタビューなどが挙げられます。

中でもPRイベントは、目に見えづらい活動内容や成果を対面で直接伝え、共感を得ながら、製品の購入やサービスの利用、寄付などの支援獲得へと誘導することができます。その特徴として、マスメディアやソーシャルメディアで取り上げられやすく、情報が拡散されていくため、NPOにとっては非常に重要なコミュニケーション手法と認識するべきでしょう。

また、NPOの社会的な役割・機能の1つであるアドボカシーや啓発活動も、広義のPR活動として位置づけることができます。ステークホルダーの利害関係の調整を図りながら、様々な社会課題に関連する法制度や社会構造の変革に向けて、中央政府や地方自治体などに政策提言を行うとともに、広く一般市民に対しても意識や価値観、慣習、そして行動の変革を働きかけるような啓発活動を行っていかなければなりません。

5 口コミ

インターネットの普及、中でも近年のソーシャルメディアの急速な社会浸透により、NPOや企業、行政などからの一方的な情報提供よりも、自分と親しい人からの情報の方が価値や信頼性が高いと感じられるようになっています。NPOの活動は無形のサービスが中心であり、その内容や成果などが目に見えづらいため、NPO自体のブランド力や信頼性に加え、受益者や支援者による口コミ情報が非常に大きな後ろ盾となります。

特に NPO では、社会を良くすることが活動の大前提としてあるため、Facebook の「いいね！」や Twitter の「リツイート」などが行われやすい傾向があります。結果として、これらのソーシャルメディアは、団体や製品・サービスの認知拡大、イベントの集客、寄付や会員、ボランティア獲得のためのきっかけや関係性維持に寄与しています。
　NPO は、無料もしくは安価で活用でき、双方向性の高いソーシャルメディアを活用して受益者や支援者との関係性を深め、ポジティブな口コミが広まるような環境作りを積極的に行っていくべきでしょう。

　これら 5 つのコミュニケーション手法の特徴を踏まえ、活動分野やターゲットの特徴、コミュニケーションに投下できる予算などを念頭におきながら最適な組み合わせを検討していきます。NPO の活動は無形のサービスが大半であり、その成果を簡単に伝えられないという特性を踏まえ、イベントや人的販売、インターネット（特にソーシャルメディア）など、対面性と双方向性に優れたコミュニケーション手法を積極的に活用するべきでしょう。また、無料かつ信頼性を獲得できるパブリシティや、様々なステークホルダーとの関係性を構築・維持する PR ツールの活用も高い効果をもたらします。
　一方で、有料の広告を活用できるのは一部の NPO に限定されているのが実状ですが、リーチできる人数も多く、NPO 側で訴求内容やタイミング・場所などをコントロールできる広告の活用を増やしていきたいところです。いきなり多額を投じるのではなく、費用対効果をみながら、試験的に実施していくのがよいでしょう。特に、検索連動広告や行動ターゲティング広告など、少額かつ費用対効果が高いインターネット広告は、NPO セクターにおいても不可欠なものとなっていくでしょう。

3 | メディアの選定

コミュニケーション・ミックスにより、どのコミュニケーション手法を組み合わせて活用していくかを決定したら、次に、どのメディアを活用して情報やメッセージを発信していくのかを検討していきます。

メディアの選定は、主として、お金を払ってメディアを買う広告を活用する際に発生する作業ですが、NPOのコミュニケーション戦略の中でも重要な役割を果たすパブリシティにおいても、取り上げてもらいたいメディアがどのような特徴を持っていて、どのメディアに取り上げてもらえると効果的なのかという視点を持っておく必要があるでしょう。

図表8・3　メディアの選定

媒体	メリット	デメリット
テレビ	・カバレッジ、リーチともに広く、短期間で浸透 ・映像、音、動きを伴い、視覚／聴覚に訴求できる ・露出当たりのコストが低い	・細かくセグメントしにくい ・コストの絶対額が高い ・伝達できる情報量が少なく、詳細な説明には不向き
ラジオ	・媒体費／CM制作費等のコストが低い ・番組と聴取者との絆が深い ・地域、人口統計的属性、ライフスタイルなどでセグメント可能	・音声のみによる訴求のため、表現力が弱い ・聴取者数が少なく、リーチ獲得には不向き
新聞	・信頼性が高く、広範な層に多くの情報を提供可能 ・全国への訴求、及び地域によるセグメントが可能 ・長期にわたり保存性が高い	・若年層に弱い ・雑誌と比べて視覚的な魅力が低く、回覧性も低い ・基本原則に厳格で、掲載場所の自由度が低い
雑誌	・地域、人口統計的属性、ライフスタイルなどでセグメント可能 ・保存性、回覧性が高い ・視覚的な魅力が高く、多くの情報を提供できる	・申込から広告掲載までに時間がかかる ・読者数が少なく、リーチ獲得には不向き
屋外	・地域によるセグメントが可能 ・長期掲出可能な媒体が多く、接触頻度が高い ・視覚的なインパクトを強調できる媒体もある	・特定の地域に限定される ・人口統計的属性、ライフスタイルなどでセグメント不可能 ・提供する情報量が少ない
インターネット	・地域、人口統計的属性、ライフスタイルなどでセグメント可能 ・カバレッジ、リーチともに広く、双方向性に優れている ・効果測定がしやすい ・コストが低い（ソーシャルメディアはほぼ無料） ・携帯電話、スマホ等、接触頻度が高い	・情報が氾濫している ・ターゲット（高齢者等）によっては接触度が低い ・閲覧環境が様々で完全に同質なメッセージを伝達できない ・表現の自由の問題やコンテンツ流通に絡む著作権の問題、個人情報とプライバシーの問題がある

例えば、製品やサービスの売上拡大や寄付や会員の獲得などにおいて、メディアにパブリシティとして取り上げてもらった場合、どのメディアに取り上げてもらうと、どのようなターゲットから、どのような反応が得られるのかということを分析します。こういった実績が団体内に蓄積されていくと、逆算して、取り上げてもらいたいメディアを見極めることができるようになります。相性の良いメディアに対しては、個別に担当者を探し出してパーソナルな関係性を構築し、積極的に情報を提供していくといった動きが可能になるでしょう。

4 ｜ 制作物の開発

　コミュニケーション・ミックスとメディアの選定を終えたら、いよいよ制作物を開発していきます。制作物は、形状や色、字のフォント、写真やイラストなどのビジュアル要素、ヘッドラインやボディコピーなどのリテラル要素などから構成されるもので、団体パンフレット、団体HP、チラシ、事業報告書、会報誌（ニュースレター）、メールニュース・メールマガジン、ポスター、ダイレクトメール、ブックレット、WEB用バナー、動画、音声テープ、イベントの造作物、団体ロゴ入りグッズ、プレスリリース、マス広告を活用する場合の各種素材などがあります。

　例えばチラシの場合、記載する情報の構成、用紙のサイズ・形状・色、ヘッドラインやボディコピーと文字のフォント、写真やイラストの有無などが、チラシを構成する表現要素となります。

　団体パンフレットや団体HP、チラシ、事業報告書など、NPOが制作するPRツールでは、NPOから一方的に情報発信がされているケースが多く見られます。まだまだNPOは、その存在や役割が社会的に正しく認知されておらず、信頼性も低いと思われているため、自団体からの情報発信だけでは、共感や説得力に乏しいものになってしまいます。このため、NPO、受益者、支援者、協働パートナー、第3者という5つの視点からの情報を

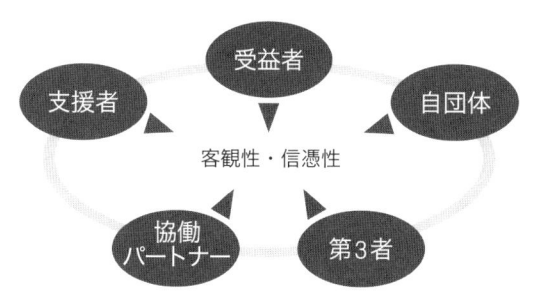

図表 8・4　制作物に盛り込む情報のバランス

バランス良く盛り込むことで、NPO の想いを伝えながら、情報の客観性や信憑性を担保することができます。なお、ここでいう第 3 者とは、権威や影響力のある個人や団体のことで、学者・研究者、学会、業界団体、各種認定・認証機関、著名人、メディアなどを指します。

制作物の開発を行うにあたり、まずは制作物の方向性を決定していきます。具体的には、活動分野の分析、目的の明確化、ターゲットの設定、競合の認識という 4 つのポイントを押さえます。

①活動分野の分析

自団体の活動分野における市場規模、受益者や支援者の動向、歴史、関連する法規制、ステークホルダー、提供する製品・サービスや支援メニューの特徴など、制作物開発のスタート地点ともなる活動分野の基本情報を整理します。

②目的の明確化

社会課題や団体の認知拡大、製品の販売、サービスの利用拡大、イベント・講座への集客、寄付獲得、会員募集、団体スタッフやボランティアの募集など、制作物開発の目的と具体的な達成目標・指標を明確にします。

③ターゲットの設定

前述の目的を達成するために、興味や関心を喚起し、共感を得ながら、

具体的な行動へ駆り立てていく対象の人、層、市場、地域などのターゲットを明確にします。

④競合の認識

団体及び団体が提供する製品やサービス、支援メニューにおける競合を見極め、差別化できるポイントと優位性を確認します。

これら4つのポイントは、本書で解説している環境分析やターゲティング、ポジショニングと重なるものであり、制作物開発の前提となる基本要素ですので、団体内で意識のズレがないように共有する必要があります。その上で、期待するターゲットの反応、ターゲットが得られるベネフィット、団体の理解促進、団体の権威づけ、行動の誘発の5つを盛り込みながら、具体的な制作物を作成していきます。

①期待するターゲットの反応

ターゲットが制作物に接した際に、団体として感じて欲しことや行動して欲しいことは何かを明らかにしておきます。具体的には、画像、数値データ、図表、グラフ、Q＆Aなどを活用して分かりやすく伝えたり、新規性や独自性を訴求したり、参加や申し込みなど、具体的なアクションを明示することなどにより、ターゲットの反応を高めていきます。

②ターゲットが得られるベネフィット

制作物に訴求された内容を実践することで、ターゲットである受益者や支援者が得られるものが何なのか、また、その人たちの生活や価値観などがどのように変わるのかを訴求します。前述のとおり、NPOからのメッセージが前面に出過ぎると、却って説得力に乏しいものとなってしまいます。このため、団体の活動の実際の受益者や支援者による生の声やエピソード、事例を掲載したり、Before ＆ After形式で紹介し、団体の活動の成果が分かりやすく伝わるような工夫を行います。

③団体の理解促進

団体の具体的な活動内容を理解してもらうための情報を盛り込みます。

具体的には、団体の歴史、活動実績、団体代表やスタッフの顔写真やプロフィールの公開、活動状況が分かる画像などを挿入することで、どのような団体による活動、製品やサービス、イベントや講座なのかといったことが理解されやすくなります。

④団体の権威づけ

競合との比較を踏まえ、団体の強みや信頼性を裏付けるような情報を盛り込みます。例えば、競合と差別化できる実績や活動分野における"1番"のアピール、専門性をアピールできる資格や認定の有無、各種受賞歴、メディアでの露出実績、著名人や権威のある第3者からの推薦などが挙げられます。

⑤行動の誘発

制作物に接したターゲットがすぐに行動に移せるような情報を提供します。応募や申し込みなどの簡単さや具体的な手順やプロセスを伝えるとともに、複数のレスポンスデバイスを示すことで、行動のハードルを下げることができます。同時に、期間や人数などの限定感、お試しやモニターなどの手軽さを訴求することで、行動の意欲を高めていきます。

5 | 支援者に対するコミュニケーション戦略

　NPOと企業のマーケティングの大きな違いの1つが、NPOでは支援者向けのコミュニケーションが重要な位置づけを占めているということです。特に、国際協力、ホームレス支援、環境問題などに取り組む課題解決型NPOにおいては、受益者が社会的な弱者であったり、受益者が広範で曖昧なケースが多いため、支援者に対するコミュニケーションが極めて重要な意味を持っています。

　NPOにおいては、こうした特徴を踏まえ、まずは社会課題と団体の存在を社会に知らせ、"自分ごと"として受け止めてもらえるようなコミュニケ

ーションを展開していかなければなりません。そこからさらに、寄付金や会費の獲得など、具体的な成果物の獲得を目指していきます。

1 支援者に対するコミュニケーション展開

支援者に対するコミュニケーションを展開する際には、潜在的な支援者がどのようにNPOの存在を知り、活動に対する理解を深め、金銭的な支援者となり、その関係性を維持していくのかという一連の行動の流れを把握する必要があります（図表8・5参照）。その上で、それぞれのフェーズに応じた適切なコミュニケーション戦略を展開していきます。以下では、金銭的支援に限らず、支援全体を想定して解説していきます。

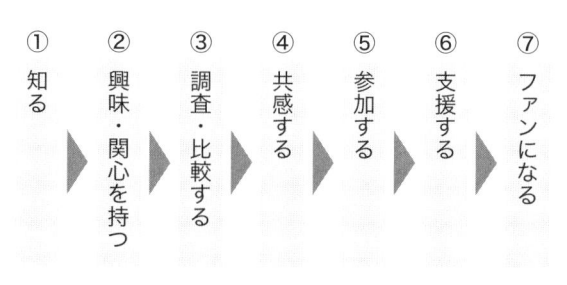

① 知る → ② 興味・関心を持つ → ③ 調査・比較する → ④ 共感する → ⑤ 参加する → ⑥ 支援する → ⑦ ファンになる

図表8・5　支援者の行動プロセス

■フェーズ①：知る

潜在的な支援者が、メディアや口コミなどを通じて、社会課題の存在やNPO及びその活動について知るフェーズです。このフェーズでは、1人でも多くの人に社会課題の存在や団体について知ってもらうために、団体HP、ソーシャルメディア、プレスリリース、メールマガジン、イベントなどのコミュニケーション手法を適宜組み合わせながら積極的な情報発信を行っていきます。

■フェーズ②：興味・関心を持つ

社会課題やNPOに対して単に知るだけでなく、興味や関心を持つフェーズです。NPOとしては、潜在的な支援者に自団体の活動について興味や

関心を持ってもらえるように、団体HPや団体パンフレットなどに分かりやすいキャッチコピーや画像などの視覚要素を盛り込むと同時に、取り組む社会課題の深刻さや対策の緊急性を伝えていきます。

■**フェーズ③：調査・比較する**

潜在的な支援者が興味や関心を掘り下げ、社会課題やNPOの活動詳細、同じ分野で活動する他のNPOなどについて調べ比較するフェーズです。このフェーズでは、団体HPやブログ、ソーシャルメディア、事業報告書などを積極的に活用して情報公開を徹底し、他のNPOとの差別化ポイントや独自性を明確に伝えていく必要があります。

■**フェーズ④：共感する**

特定のNPO及びその活動内容に対して共感するフェーズです。団体代表者による想いや活動を分かりやすく伝えるストーリー・エピソードを伝えるとともに、活動分野の市場規模、活動実績、必要な資金の根拠などを数値データで示し、共感を得ていきます。その際、メールアドレスなど、興味を持ってくれた支援者に以降の情報発信ができるようなコンタクト手段を取得しておきます。

■**フェーズ⑤：参加する**

潜在的な支援者は、これまでの距離のある関係から一歩進み、活動報告会や勉強会、チャリティ・イベントなど、団体が主催する単発的なイベントに参加します。NPO側では、こうした動きを促進するために、イベントのバリエーションを可能な限り複数用意します。同時に、他のイベントやボランティアの機会、寄付キャンペーンなどの案内ができるように、イベント後にアンケートを実施し、可能な限り潜在的な支援者の詳細な個人情報を収集していきます。

■**フェーズ⑥：支援する**

金銭的支援、物的支援、人的支援などにより、単なる参加から、団体の支援者として関係性を深めていくフェーズです。このフェーズでは、寄付金や会費などの金銭的支援、書き損じ葉書や古本などの物的支援、そして

ボランティアやプロボノなどの人的支援など、なるべく多くの支援のバリエーションを用意し、支援者の間口を広げます。金銭的支援を最終ゴールとした場合、金銭的支援獲得に向けたマーケティング施策だけを単独で行うのではなく、比較的支援のハードルの低い他の支援方法も絡めながら、金銭的な支援者へと誘導していきます。

■フェーズ⑦：ファンになる

　支援者が団体のファンになり、長期にわたりボランティアとして関わったり、継続的かつ高額の金銭的支援をしたり、団体の広報大使として積極的に情報共有や拡散を行ったり、団体の組織運営全般に関してアドバイスをしてくれるような関係性が構築できている状態です。団体への帰属意識が高いため、単なる支援者ではなく、もはや団体の一員と言ってもよいでしょう。NPOとしては、これらファン層に対して、クローズドな限定イベントへの招待、お礼や報告、提供する特典のレベルアップなど、個別にパーソナライズしたフォローアップを行っていきます。

　団体もしくは個々の事業によって、どのような支援が必要なのかは異なります。自団体に必要なのはどの支援なのかを見極め、その上で、その支援の獲得に特化したフェーズごとのマーケティング施策を実践していきます。

② 支援者ピラミッドの構築とアプローチ

　図表8・6は、前述の支援者の行動プロセスを踏まえながら、金銭的支援の獲得をゴールとした場合のマーケティング戦略について図示したものです。一般的に、NPOセクターにおいて「支援者ピラミッド」や「ドナーピラミッド」と呼ばれるものですが、上に行くほど支援のレベルが高くなり、人数も少なくなります。逆に下の方ほど支援者とNPOとの関係性は薄くなり、金銭的支援からは遠い存在ということです。

　この支援者ピラミッドでは、接点のない無関心層、関心層、参加層、支援層という4つの層に大きく分類しています。一番下の無関心層は、社会

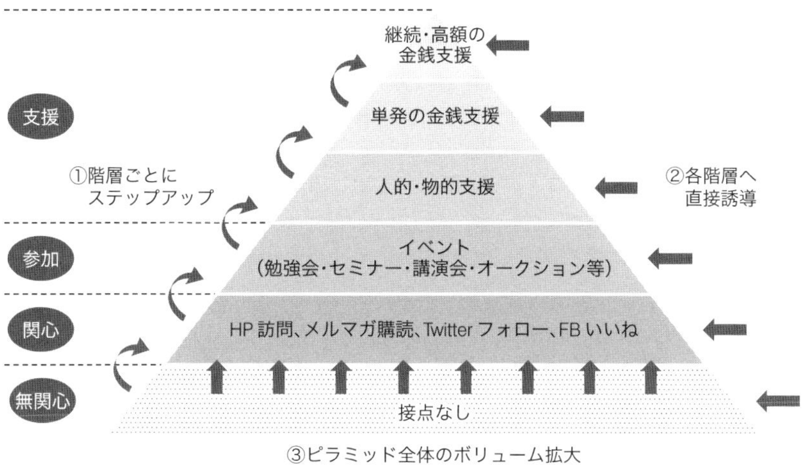
継続・高額の
金銭支援
支援
単発の金銭支援
①階層ごとに
ステップアップ
人的・物的支援
②各階層へ
直接誘導
参加
イベント
（勉強会・セミナー・講演会・オークション等）
関心
HP 訪問、メルマガ購読、Twitter フォロー、FB いいね
無関心
接点なし
③ピラミッド全体のボリューム拡大

図表 8·6　支援者ピラミッドのアプローチ方法

の大半を占めており、NPO との接点がない人たちです。この層は、程度の差はあれ、社会課題や NPO の存在、活動内容などについて認知していなかったり、意識的・無意識的に社会貢献について興味や関心を払っていない人たちといえます。関心層は、こうした接点のない人たちがメディアや口コミなど何かのきっかけで興味や関心を持つようになり、団体 HP を訪問したり、Twitter でフォローしたり、Facebook で「いいね！」を押してくれたり、団体が発行するメールマガジンを購読したりするような層です。その上の層が、単に興味や関心を持つレベルから、勉強会やセミナー、講演会、チャリティーオークションなど、実際に団体が主催する各種イベントに参加する層です。さらにその上の支援層は、ゴールである継続的かつ高額の金銭的な支援を最上位として、単発の金銭的支援、人的支援と物的支援に分解することができます。

支援者ピラミッドに対するアプローチ方法は、大きく 3 つに分けることができます。1 つ目が、各階層の支援者に対して、1 段ずつ支援レベルを上げてもらう方法です。データベースを活用しながら対象となるターゲットを抽出し、各階層の 1 つ上の階層にステップアップをしてもらえるような

マーケティング施策を展開していきます。例えば、単発の勉強会に参加してくれた人たちに対して、Eメールにより参加のお礼を伝える中で、支援レベルの1つ高いボランティアとして団体の活動に参加してもらうようお願いをするなどです。2つ目が、チャリティ・イベントや寄付キャンペーンを実施する場合など、直接、該当する階層にアプローチする方法です。3つ目が、支援者ピラミッド自体を大きくしていくために、自団体とは接点がない人たちとの関係性を構築していくというものです。社会課題の解決に向けた取り組みを拡大していくためにも、これまで接点のなかった人たちの興味や関心を喚起・醸成し、育成しながら支援のレベルを上げていくようなマーケティング施策を行っていきます。

　なお、支援者ピラミッドを構築する際には、単なる階層の分類にとどまらず、各階層の人数や支援金額などを定量的に把握しておくようにします。

第 9 講
快適さ（Comfort）

　繰り返しになりますが、NPO の活動の多くは、人やその所有物などを対象とした無形のサービスです。企業セクターにおけるホテル、レストラン、旅行、銀行、保険、通信、公共輸送サービス、テーマパーク、フィットネスジム、エンターテインメント、教育、不動産、人材派遣、クリーニング、美容院、弁護士や会計などの士業、経営コンサルティングなどのサービス業をイメージすると分かりやすいでしょう。

　このサービスの提供には、"人"という要素がかなりの部分にわたって介在します。ここでいう人には、サービスを提供する側とサービスを受ける側の両方が含まれています。特に NPO 側の人については、企業との大きな違いの 1 つとして、ボランティアが存在していることが特徴として挙げられるでしょう。

　また、前述のとおり、サービスには、無形性、不可分性、消滅性、品質の変動性、需要の変動性という 5 つの特徴があります。製品と違ってその価値が目に見えづらい分、受益者に対して、どのような物理的な環境を整えればサービスの価値を可視化できるかを検討しなければなりません。さらには、どのような手順やプロセスでサービスを提供するのかをきちんと設計していないと、サービス提供がスムーズに行かず、不満や苦情を受けることになりかねません。

　NPO は、これら NPO セクターの独自性を理解し、適切なマーケティング施策を実施することで、受益者や支援者に対して快適さ（Comfort）を提供していきます。本書では、『コトラーのプロフェッショナル・サービス・マーケティング』で紹介されている 7P のうち、前述の 4P 以外の、人（People）、

物的証拠（Physical Evidence）、プロセス（Process）の3つのPを、快適さを構成する要素として取り上げ解説をしていきます。

1 ｜ サービス提供における人のマネジメント

快適さを構成する1つの要素が、人（People）です。サービス業であるNPOでは、この人という要素が占めるウェイトが非常に大きいという特徴があります。ここでいう人には、サービス提供側のNPOにおける人（団体スタッフやボランティアなど）とサービスを受ける側の人（受益者・支援者）の両方が含まれます。

1 受益者のマネジメント

サービスには、受益者自身がサービスを構成する要素であるという「不可分性」の特徴があります。NPOは、自らが意図した受益者だけを惹きつける工夫をするとともに、受益者がサービス提供プロセスにおける自らの役割を理解し、団体スタッフや他の受益者とうまくやっていけるように配慮します。

■満足度の高いサービス体験の提供

サービスの満足度を高めるために、サービス提供側が意図した受益者だけを惹きつけるような設計を行います。例えば、勉強会や講座を実施する場合、必要な資格や技能など、募集する受益者の条件を明確に伝えます。

また、サービス提供中にも、提供側の意図した内容となるようにその場で受益者を教育し、そのサービスをもっとも楽しめる方法を知ってもらうような工夫を行います。例えば、子ども向けの自然体験学習を提供する場合、団体スタッフによるルールや決まりごとの説明、適切なナビゲーションは非常に重要です。

■受益者同士の相互作用

サービス品質に影響を与える、他の受益者の存在、振る舞い、人数など

へ配慮します。例えば、グループワークを伴う講座などでは、グループ内の他の受講者の存在や振る舞い、1グループあたりの人数などが講座の進行や受講者の理解や満足度に大きな影響を及ぼします。サービス設計の段階から、参加者の年齢層、地域、職業、役職、保有する技能など、同質の受講者を集めたり、同レベルの受講者でグループを作ったりすることで講座の進行に問題が生じないように配慮します。また、募集人数も主催側がコントロールできる人数に止めることで受講者の満足度も高まります。

■受益者と団体スタッフの間の相互作用

受益者と団体スタッフ双方がそれぞれの役割を理解することで良好な関係を構築します。子ども向けの自然体験学習の場合、団体スタッフ側と参加者である保護者と子どもがそれぞれの役割を事前、及びその場で理解することにより、体験学習に不可欠な安全性と個々のアクティビティの品質を確保することができます。

2 団体スタッフ・ボランティアのマネジメント

受益者の満足度を高めるには、サービスを提供するNPO側の人のマネジメントが不可欠です。特にボランティアについては、企業セクターには存在しないNPOセクター独自の経営リソースであり、その存在がNPOの事業の成否に大きな影響を及ぼしているといっても過言ではありません。

NPOは、サービスの提供に関わる人の採用、スキルや専門性の維持、モチベーション管理などに配慮しながら、高いサービス・レベルを提供していかなければなりません。

■質の高い団体スタッフ・ボランティアの採用・維持

団体スタッフの採用においては、どのような業務に対して、どのような人材が必要なのか、なぜボランティアではなくスタッフなのかといったことが明確でなければなりません。採用後は、業務をこなしながら育成を行う、OJT（On the Job Training）を中心に人材育成を行っていきます。企業の場合、人材育成のための研修プログラムが充実しているため、通常の業

務を離れた集合研修など、Off-JT（Off the Job Training）の機会が提供されますが、経営リソースが乏しいNPOでは現実的ではありません。自ずと、即戦力として働ける経験者を採用することが多くなります。その際、担当する業務に対する成果や達成するべき具体的な目標について細部にわたって共有・合意しておく必要があります。

　団体スタッフの採用・維持に加え、NPOでは、ボランティアを採用することにより質量の両面でマンパワーを補完していきます。このため、ボランティアの活用を前提とした組織設計や事業計画が大前提となります。一般的にボランティアは、団体スタッフと比べて経験が少なく、専門性やノウハウが乏しいケースがほとんどです。1日限りの単発イベントなどでボランティアに関わってもらう場合から、プロボノとして中長期的に団体のコンサルティングや各種分析業務に携わってもらう場合まで、ボランティア採用の目的や依頼する業務内容、責任や権限の委譲範囲など、事前に明確化しておかなければならない要素は多いでしょう。

　以下では、特にNPOセクター独自の人材であるボランティアについて、その採用や維持に関するポイントを解説していきます。

＜ボランティアの採用＞

　ボランティアの採用にあたり、まず、団体の目指すものは何か、その実現に向けて、ボランティアにしてもらいたいことは何か、どのくらいの期間（時間）必要なのか、何人必要なのかということをNPO側で明確にしておかなければなりません。

　①ボランティアの業務を明確にする

　　採用する前に、まず、ボランティアにお願いする業務内容を明確にします。その際、団体スタッフがやりたくない仕事をボランティアに任せるのではなく、ボランティアを、スキルや専門性を持った外部スタッフとして位置づけ、責任を持って業務を行ってもらうようにします。昨今、ボランティアは単純労働であってもその業務に意味がある限りは積極的に関わってくれますが、単なる単純労働には興味を示してく

れません。
②業務の責任範囲と達成目標を明確にし、権限を委譲する
具体的な業務の責任範囲や達成目標を明確にするとともに、責任に応じた権限を付与しながら主体性を高めていきます。ボランティアにリーダーシップを発揮する機会を提供することにより、顧客である受益者や支援者のニーズや苦情に対して迅速に対応できたり、優れたアイデアの創出や、熱意にあふれた行動に対する顧客の口コミに繋がる可能性もあります。

＜受け入れ体制の確立＞
　ボランティアが初めて団体オフィスに訪れたときに受け入れの準備ができていないと、ボランティアは団体の運営力に不安や不満を持ってしまいます。状況次第では、業務規程や使用してもらうオフィス備品の準備などが整わないうちは、ボランティアを募集しないという判断も必要でしょう。
①スタッフにボランティア採用のことを伝え、温かく歓迎する
団体スタッフ及び既存のボランティア間で、ボランティアを採用することを事前に共有し、ボランティアを歓迎する雰囲気を醸成します。ボランティア初日は、ボランティアをゲスト（来賓）としてもてなし、オフィス内部を案内したり、食事を一緒にしたり、団体スタッフや他のボランティアに紹介するなどの配慮が必要です。ボランティアの不満に繋がる理由の１つが団体スタッフとのコミュニケーション不足です。ボランティアは自分の存在を認め、ケアをしてくれる人を望んでいるため、団体内でボランティア・コーディネーターを配置するのが理想的でしょう。
②ボランティアに十分な情報提供を行う
ボランティア初日に何を用意しておけばよいのかが分かるように、事前に、就労時間、服装、昼食の有無、駐車場の有無など、必要な情報を伝えます。さらに当日は、ボランティアのために十分な説明の時間を確保し、電話やFAX、パソコンなどのオフィス内の設備や、事務備

品、空調、トイレ、郵便物の扱い方などについて説明します。
③十分なトレーニングを提供する
簡単な業務であっても丁寧に説明をします。ボランティア開始当初は、単に業務に関する指示を与えるだけではなく、ボランティアのメンターとして接します。この際、既に働いている他のベテラン・ボランティアにもフォローをしてもらうようにすると満足度が高まります。

＜モチベーションの維持＞

ボランティアをする動機は、社会貢献、自分探し・居場所探し、スキルや専門性の習得、人的ネットワークの拡大、就職・進学時のアピールなど、人によって千差万別です。逆にいうと、NPO は、必ずしも自団体の活動に対する共感がボランティアの参加動機ではないということを理解しなければなりません。このことを理解した上で、ボランティアのモチベーションを維持するために、以下のような配慮を行います。

①感謝の意を伝える
ボランティアに対して小まめに感謝の意を伝えます。団体スタッフからお礼の手紙や E メールを送ったり、食事に連れて行ったり、ささやかなプレゼントをするなどの身近なお礼に加え、受益者からの感謝の声を共有したり、ニュースレターや団体 HP などで紹介したり、ボランティアだけを招待したイベントを開催するなど、公式な場で感謝を伝えることも効果的です。

②ボランティアをしてもらったことの成果を伝える
ボランティアに携わってもらったことで、どのように団体の活動に寄与したかを伝えます。イベントやキャンペーンなど含め、関わった事業の成功・失敗について共に評価を行うなど、単に、ボランティア活動をしたという充実感だけでなく、どのような社会的な成果に繋がったのかを共有することが重要です。

③ネットワーキングの機会を提供する
ボランティアを行うことは、多くの人と接し社会的なネットワークを

広げる機会でもあります。前述のとおり、ボランティアを行う動機の中にも、人的なネットワークを拡大することに価値を見出す人も存在するため、そういった場をアレンジするようにします。また、親しい仲間同士でボランティアに応募してきた場合は同じ業務に割り振るなどの配慮が必要です。

なお、NPOセクター全体として、身だしなみや話し方、態度などのビジネスマナーの欠如が指摘されることが多いですが、団体スタッフであれボランティアであれ、最低限のビジネスマナーは不可欠です。サービスは無形で人が介在することが大半であるからこそ、こうした団体スタッフやボランティアの立ち居振る舞いがサービス品質の評価に直結するということを理解しておきましょう。

また、イベントなどにおいても、可能な場合は、物証の一つとして統一した服装を着用し、顧客に対する安心感やサービスの一貫性などのメッセージを伝えるようにします。

■ボランティア・マネジメント事例①：かものはしプロジェクト

認定NPO法人かものはしプロジェクトでは、500名を超える「かもカフェ」というボランティア登録者の組織を運営しています。この「かもカフェ」の運営を担っているのが、8〜9名からなるマネジメント・チームです。団体スタッフとマネジメント・チームは、月1回程度、リーダーズ・ミーティングを実施し、「かもカフェ」を活性化するための議論を行っていますが、このチーム主導でイベントやボランティアの成果を発表するボランティア・フォーラムなどを企画・運営しています。

また、これらボランティアとは別に、バーチャル・ボード・ミーティング（VBM：Virtual Board Meeting）と呼ばれる、ボランティア・ベースの仮想理事会を実施しています。これは、ファンドレイジングや活動地域に特化した専門家を招聘して、団体の組織基盤強化を図ることを目的にしたものです。ボランティアというと、一般的には単純作業を指すケースが多

いですが、かものはしプロジェクトでは専門的なノウハウを持つ人たちをボランティアとして積極的に団体の活動に巻き込んでいます。

同団体では、「ボランティアの採用は団体のミッションを達成するため」という認識が団体内で徹底されています。つまり、ボランティアのためにボランティア作業を無理矢理捻出するというようなことはせず、団体のミッションに共感してもらい、共にミッションの達成を目指すということがボランティア採用のベースにあるということです。ボランティアにとっても、明確な業務目標を与えられるため自分の活動の成果が分かりやすく、継続的に同団体の支援を行っている理由にもなっています。

■ボランティア・マネジメント事例②：エイズ孤児支援NGO・PLAS

NPO法人エイズ孤児支援NGO・PLASでは、ボランティアやプロボノを巻き込む際に、以下の5つのポイントに留意しています。

1つ目が、ボランティアを疲弊させないということです。ボランティアとの関わりの中で、時に業務を任せ過ぎてしまうことがあり、その結果、疲弊し、途中で投げ出してしまったり、次回から関わってくれなかったりすることがあります。このため、業務量のイメージを事前に擦り合わせること、業務のフローを共有すること、モチベーションを共有することを常に念頭においたボランティア・マネジメントを行っています。

団体自身の過去の失敗の経験から、むやみやたらに仲間にしないということが2点目です。つまり、誰を仲間にするかをきちんと選ぶということです。その上で、団体としてボランティアのモチベーションや要望に応えられそうか、逆に、ボランティアが自団体の要望に応えられそうかの双方向の確認をしています。

団体とスタッフとボランティアのコミュニケーションにおいては、団体スタッフからボランティアに対して一方向で指示を伝えるのが一般的ですが、PLASでは、ボランティア同士の横の繋がりを作ることを重視しています。プロボノやボランティアを組織化して、その中で自発的にコミュニケーションを行ってもらうことで、チーム作りがうまくいくと以降の情報

共有や業務展開がスムーズになります。これが3つ目のポイントです。

4つ目が、誰でも意見が言える場を作ることです。具体的には、会議などで、一番声の小さい人に最初に発言してもらうといった工夫をしています。そうすることで、その人自身の自信にも繋がり、ずっと黙ったまま会議が終わってしまうということもなくなります。

最後のポイントが、小さなリーダーをたくさん作るということです。なるべくボランティアにリーダーシップを持ってもらい、自発的に動いてもらうというのが団体として理想的な姿です。このためには、ある程度の権限委譲をしていくことが大切です。加えて、ボランティア個々人のモチベーションに合った役割分担を行い、団体スタッフが適宜フォローするという体制を整えています。

2 ｜ サービス提供における物的環境の整備

サービスのマーケティングにおいて見落としてはならないのが、サービスの提供に伴う物的な環境面への配慮です。フィリップ・コトラーは物的証拠（Physical Evidence）、クリストファー・ラブロックは物理的環境（Physical Environment）とそれぞれ紹介していますが、同じことを指しています。サービスは無形であるからこそ、有形なものがサービスの品質を知るための手掛かりになるのです。

具体的には、サービス提供施設の外観、立地・交通アクセス、駐車場の有無、内装（照明、匂い、音、室温、清潔さなど）、備品、エレベーターの有無、通路幅、機器・設備、事務用品、スタッフの制服・身だしなみ、壁の掲示物、施設内の案内標識、印刷物、名刺、文房具など、顧客の5感に訴えるあらゆる有形の要素が含まれます。NPOの中でも、コミュニティ・カフェなどを運営している団体、ギャラリーを運営する芸術関連の団体、全国の市民活動センターやNPOサポートセンターなど相談業務やコンサルティング業務を行っている団体、指定管理制度により公共施設の管理運営

を行っている団体など、施設をベースに活動を行っている団体にとっては、サービスの品質を視覚化して伝えるためにも極めて重要な要素だといえます。また、これらの要素は、一般的なNPOでも、施設を借りてイベントや講座などを開催する場合には考慮しなければならないポイントでしょう。

このように、サービスを提供する環境へ配慮することは、競合に対する自団体のポジショニングを社会に対して示すことでもあります。また、競合が提供するサービスとの比較において、サービスの品質の高さ、つまり受益者や支援者が得られる価値や便益の高さをアピールすることにも繋がります。サービスの特性の1つである無形性を補う要素として、こうしたサービス環境へ配慮することは、潜在的な顧客に好印象を与えるため、ブランディングという観点でも大きなアドバンテージとなります。

3 │ サービス提供プロセスの設計

サービスの提供やイベントの運営など、どのような手順やプロセスで顧客である受益者や支援者にサービスを提供するのかをきちんと設計していないと、必要以上に手間がかかり、ミスも発生し、サービス提供がスムーズに進みません。結果として、顧客の期待に反した低品質なサービスとなり、不満に繋がる可能性があります。

このため、受益者や支援者がどのようにサービスに対するニーズを認識し、サービスを探し、選択し、利用し、評価するのかという一連のプロセスを把握しておく必要があります。大まかなフェーズとしては、サービスの利用前、利用中、利用後に分けて考えることができます（図表9・1参照）。

サービス利用前の段階では、顧客は、当該サービスのニーズを認識し、情報収集を行い、サービスを利用するNPOを決定していきます。情報収集とサービス利用先の決定にはインターネットの検索を活用したり、知人に聞いたり、最寄りの中間支援組織（市民活動センターやNPOサポートセンターなど）に相談したり、実際にサービスを提供しているNPOを訪

利用前	➢ ニーズの認識 ➢ 情報検索 　・ニーズの明確化 　・解決策の探求 　・サービス内容とサービス組織に関する選択肢の選定 ➢ 選択肢の評価 　・サービス組織の情報調査（広告、パンフレット、Web サイトなど） 　・第三者評価の検索（評価データ、格付け、Web サイト上のコメント、ブログ、公的機関への苦情、満足度評価、受賞歴） 　・スタッフとの相談 　・第三者機関や他の顧客からの助言や反応 ➢ サービス利用に対する意思決定
利用中	➢ 選択した組織へのサービス依頼やセルフサービスの開始 ➢ スタッフによるサービス提供やセルフサービス
利用後	➢ サービス・パフォーマンスの評価 ➢ 今後のサービス利用について検討

図表 9・1　サービス利用の 3 ステージ　（出典：クリストファー・ラブロック＋ヨッヘン・ウィルツ『ラブロック＆ウィルツのサービス・マーケティング』ピアソンエデュケーション、2008 を筆者一部変更）

問して直接確認したりします。

　実際にサービスを利用する段階では、サービスの提供側と顧客との間で様々なコンタクト（接触）が発生します。通常は、サービスの利用申し込みや注文、予約などから始まり、その後顧客と NPO 側のスタッフが接していきますが、介護サービスにおける各種療養機器の使用など、人だけではなく機器や装置と接触するケースもあります。

　また、接触のレベルにも程度の差があります。例えば、NPO のマネジメントに関する教育プログラムを提供する場合、実際に施設で講師が直接講座を行うケースとインターネットを活用してオンラインで提供するケースがあります。前者の場合、前述の人や物的証拠といった要素がサービスの評価に大きな影響を及ぼします。一方、後者の場合は、直接的な接触が少ない分、失敗やミス、不具合などが発生した場合、フォローする機会が少ないという特徴があります。サービスを提供する NPO としては、こうした顧客との接触レベルの違いを考慮しながら、NPO と顧客それぞれが担う役割や業務プロセスの流れを理解しておかなければなりません。

　さらに、サービスの利用段階において考慮しなければならないポイント

として、サービスの提供にかかる時間とサービスの待ち時間があります。言い換えると、いかにこれらの時間を短縮して顧客の利便性を高め、団体にとってもサービス提供の効率化を図れるかということです。時間を短縮するためには、サービスを提供する一連のフローを細かく分解して検証し、1つの作業にかかっている時間を測定した上で、やめられる作業はないか、改善できる作業はないかを適宜見極めていきます。

最後が、サービス利用後の段階です。顧客である受益者や支援者は、サービスの利用前から自分が期待するサービス基準を持っているため、その期待が実際のサービスを上回るか、下回るかによって、再度同じサービスを利用するかどうか、周りに対してそのサービスを勧めるかどうかを判断します。例えば、寄付を行った支援者は、その寄付行為に対するお礼や報告がしかるべきタイミングで、かつ満足のいく内容でなければ、同じ団体に再度寄付をすることはないでしょう。

NPOは、こうした潜在的な受益者や支援者に対する一連のサービス提供プロセスを把握し、スムーズで不快感を与えないようなサービス設計を行う必要があります。例えば、各種研修プログラムを提供する場合、当該プログラムの存在や価値を伝えて選択してもらうために、団体HPや団体パンフレット、活動報告書などを充実させるとともに、コミュニケーション手法を複数用意して積極的に情報発信を行い、潜在的な受講者の情報収集の手間を省くようにします。実際のサービス提供に際しても、支払いを事前に済ませる、事前に課題を提出してもらう、参加者主導のグループワークを行う、昼食を一緒にとって懇親を深める、提供している研修プログラムをパッケージ化して提供するなど、提供プロセスの工夫により、研修をスムーズに、かつ満足度の高いものにすることができます。また、サービス提供後の評価を高めるためにも、サービス提供中に、受講者の理解度を確認するワークを入れたり、質疑応答の時間を小まめに提供したり、講師以外のスタッフがその場の状況や雰囲気をチェックしながらタイムリーに環境の改善を行うなどの工夫を行います。

column 3

支援者基盤強化サイト「GrowYourBase」

　NPOに関わる人に向けた支援者基盤強化のためのサイト「GrowYourBase」では、WEBサイト上で各種ノウハウやツール、教育素材を提供しています。無料のアカウント登録をするだけですぐにサービスが利用できます。

　同サイトの運営は、NPO業界に精通したスタッフが行っており、NPO向けにITツールを提供している会社やコンサルティング会社で働く人などが講師として関わっています。

　「GrowYourBase」では、「Learn（学ぶ）」、「Test（テストする）」、「Grow（成長する）」という3つの切り口で、支援者の基盤を強化するための各種教育素材やツールが提供されています。

1	Intro to Growing Your Base of Support
2	How to Create your Multi-Channel Outreach Plan to Grow Your List
3	Supporter Management Best Practices
4	Designing your Website to Recruit Supporters
5	Essentials in Creating an Email Campaign
6	Emailing in a Spammy World & The Future of Email
7	Digital Outreach–SEO, SEM and Re-targeting Aren't as Scary as You Think
8	Share, Retweet, Repeat: Get Your Message Read and Spread
9	Content Marketing for NonProfits to Grow Support
10	List Growth Through Advocacy
11	How to Make Your Campaign Mobile Friendly
12	How to Get Buy-in for Your Cause Through Video

12の動画コンテンツ　(出典：http://growyourbase.org/self-paced-classes)

「Learn」では、支援者の獲得や関係性の維持などの支援者マネジメントを中心に、自分に合ったペースで12の教育動画コンテンツを視聴できます。

「Test」では、これら12本の動画で基本的な知識を習得した上で、それぞれ10問前後からなる確認テストを活用しつつ、50問程度のテストを受けることができます。途中で一旦保存することも可能で、質問がランダムに表示される仕組みになっており、無料で何度でも受けることができます。回答後にはすぐに正誤も分かるようになっており、75点以上取れたらメールで合格証明書が授与されます。

「Grow」では、講師陣によるブログ、各種白書や報告書などへのリンク、各種テンプレートやフォーマット、ケーススタディ紹介など、実用性の高い素材をダウンロードすることができます。例えば、数値を入力するだけでWEBサイトのアクセス実績がグラフ付きで簡単に集計できるExcelファイルや、用意されたページに記載するだけでキャンペーンの計画が簡単に策定できるPowerPointファイルなどが提供されています。

日本でこうしたNPO向けの専門的な支援者基盤の強化サイトはありませんが、支援者を集め、関係を維持・強化するために必要なスキルやノウハウを広くNPO関係者に伝えていくためのプラットフォームは、これからますます必要になっていくでしょう。

テンプレートに入力するだけで、簡単にWEBサイトのアクセス実績集計ができるエクセルファイルを提供

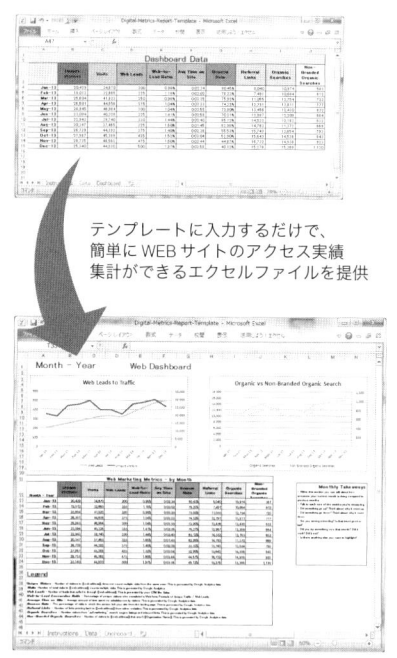

「Grow」のテンプレート(例) (出典:http://growyourbase.org/nonprofit-outreach-worksheets-and-tools)

4

実行・管理篇

　本篇では、企画立案したマーケティング施策の実行後を念頭におきながら、施策の成果を踏まえた目標と指標の設定、施策の評価や実績管理、改善などについて取り上げます。

　第10講では、マーケティングの実行に伴う管理面と成果測定を中心に解説します。団体のミッションとマーケティングの目的・目標・指標との関係性、実施した施策の評価や実績管理の基本的な考え方、スケジュールや人員体制、予算の決定などのマーケティング計画について詳述します。

　第11講では、マーケティングを実践する上で不可欠なPDCAサイクルの確立について、国際協力NGOの具体的な実践事例を紹介します。

第10講
マーケティング管理

　企画立案したマーケティング施策について、その成果を念頭に置きながら、具体的な目標・指標の設定を行います。NPOの中には、曖昧な目的のまま、具体的な数値目標を設定せずに事業を実施しているケースが多く見られます。目指す成果が何なのかを明確に定義し、具体的な目標を設定し、その目標の達成に向けた進捗状況をモニタリングするための指標を設定しなければなりません。特に指標は、マーケティング施策の開始後、その施策のどこに問題があり、どこを強化・改善していけば良いのかを気づかせてくれるものであるため、なるべく細かく設定していきます。

　また、施策の開始後、団体スタッフ間で進捗状況を分かりやすく確認できるような実績管理フォーマットも作成しておくようにします。合わせて、施策の開始から終了までのロードマップを策定し、人員体制と予算の確保を行います。

1 ｜ マーケティングの目的・目標・指標の設定

　NPOにおいてマーケティングを実践するのは、団体が掲げているミッションを達成するためであり、そのミッションを構成する個々の事業や日々の活動レベルで具体的な成果を出していくためです。成果が出たのかどうかを判断するためにも、マーケティング施策の実施前、つまり企画立案段階で明確な目的と具体的な目標・指標を設定しなければなりません。実施した施策が良かったのか悪かったのかが分からなければ、他の施策に横展開したり、次なる施策に応用することさえできず、NPOの組織としての成

長自体が止まってしまう危険性があります。大半のNPOでは行動を起こすことに意識が偏り過ぎてしまい、大まかな目的は設定していても、「どこを目指すのか？」「どの程度まで実施するのか？」といった具体的な成果や目標・指標までは設定していないのが実態です。

1 NPOの成果

成果とは、あるべき姿や理想的な状態などの到達地点から、現在地点を差し引いたものです。つまり、成果を出すためには、その前提として、到達地点と現在地点の両方が把握できていなければなりません。多くのNPOが、このような目指すべき到達地点と現在地点の両方とも正確に把握しないまま、目の前にある課題に対して、根治療法ではなく、対症療法的に活動を行っていると言っても過言ではありません。現在の状況を、数値データなどを基に客観的に把握し、理想の状況に対してどのくらい良くないのか、その状態が続くとどうなるのか、なぜそういう状況が発生したのかといったことをきちんと見極めた上で、社会課題の解決に取り組むのがあるべき姿だといえます。

$$成果 = 到達地点 - 現在地点$$

図表10・1　成果の定義

例えば、開発途上国に図書館を建設するという活動をしている国際協力NGOでは、そもそも途上国の子どもたちが図書館で本を読むこと（読めるようになること）の意味は何なのかから考えることで、団体の目指すべき成果も明らかになるでしょう。日本で本を読むのとは違い、開発途上国では字が読めないために地雷を踏んでしまったり、間違った薬の飲み方をして死んでしまうことがあります。つまり、本を読むということは、生きるための術（ライフスキル）を習得することなのです。このように本を読むことの意味を定義した上で、このNGOが目指す理想的な状態は、本や図書

館という手段を通じて子どもたちが「字が読めるようになる」状態であり、さらにその先にある死亡率の減少などになるでしょう。そして、これら目指すべき状態に加え、現在、どのくらいの子どもたちが字が読めないのか、どのくらいの子どもたちが字が読めないことが原因で死んでいるのか、このままこの状況を放っておくとどうなるのか、そもそもなぜこういう状況が発生したのかという、現在地点を把握しておく必要があります。

また、「字が読めるようになる」ことは、死亡率の減少に加え、学力の向上による進学率や就職率の改善、犯罪率の減少、地域経済の拡大など、地域や社会全体にも副次的な価値をもたらします。一般的には、事業の成果が特定の個人や地域だけでなく、社会全体に波及するものであるほど価値は高く、より多くの人から支援が得られます。NPOは、自分たちの事業の成果が特定の個人のみならず、地域や社会全体にどのように影響を及ぼしているかを考え、それを積極的に社会に伝えていくべきでしょう。

2 ミッションとマーケティングの目的・目標・指標

NPOには、組織の理念や存在意義そのものともいえるミッションがあります。そのミッションを達成するために、個々の目的を持った事業が実施されますが、それぞれに具体的な達成目標と進捗状況を定点でモニタリングし把握するための指標が必要となります。

一般的に、マーケティング施策の実施においては、個々の施策の目的と目標を定量的な指標で表した重要目標達成指標（KGI：Key Goal Indicator）を定め、その目標を達成するための手段や方法を決めていきます。さらに、その手段や方法がきちんと実行されているかどうかを測定するための定量的な重要業績評価指標（KPI：Key Performance Indicator）を設定します。

企業セクターでは、一般的に、売上金額や利益率、受注件数などがKGIとして設定されますが、これらKGIに対するKPIの例としては、商談案件数、顧客訪問回数、提案率、受注率、リピート購買率、返品率、接客時間、解約件数などが挙げられます。つまり、KGIの達成に向け、プロセスが適

切に実行されているかどうかを中間的に計測するのが KPI であり、KPI は、目標達成に繋がるものでなければなりません。通常は、日次、週次、月次などの期間ごとに実績測定を行い、プロセスの進捗状況を管理します。NPO セクターにおいても、例えば、イベント経由で新規に会員を獲得することを目的とした場合、KGI は 10 名の新規会員獲得、KPI はイベントへの集客数や会員化率（新規獲得会員÷イベント集客数）となります。

図表 10・2 は、ミッションとマーケティングの目的、目標（KGI）、指標（KPI）の関係性を表したものです。NPO は常にミッションを念頭におきながら、そのミッション達成に向けた事業を展開していきますが、そのマーケティングにはミッション達成に直結する目的と具体的な目標・指標が必要です。逆にいうと、日々、指標を設定して団体が正しい方向に進んでいるのかどうかをモニタリングし、状況に応じて適切に対策を講じていくことが、目標や目的、そして、最終的に団体のミッション達成に繋がるということです。

ミッション		組織の理念や価値観であり、存在意義そのもの
マーケティング	目的	認知度向上、利用率改善、売上拡大、意識や行動の改善、会員数増加など、個々の事業におけるマーケティングの目的
	目標	目的の達成度合い（到達地点や状態）を定量的・定性的に示したもの
	指標	目標達成に向け、プロセスが適切に実行されているかどうかを測定するための「ものさし」

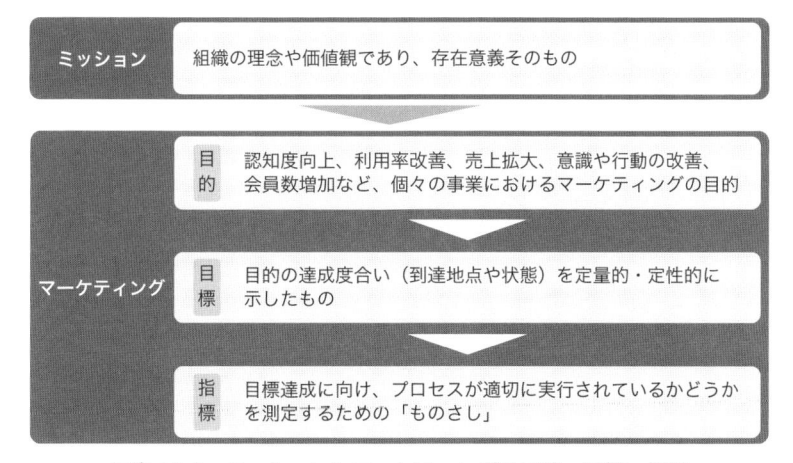

図表 10・2　ミッションとマーケティングの目的・目標・指標

■指標の設定例①：売上

以下では、指標の設定事例として、売上について解説します。特に事業収入型 NPO では、売上目標を達成するために指標を細かく設定していき

ます。日々、目標達成に向けて順調に進んでいるかどうかを小まめに確認することで、マーケティング施策のどこに問題があり、どこを強化すればよいのかといったことが把握できるようになります。結果として、目標達成や不調時の素早いリカバリーも可能となるのです。

売上は、様々な構成要素(指標)に分解することができます。売上を構成する個々の指標を定点でモニタリングすることにより、売上目標の達成に向けてどの構成要素を梃入れしなければならないのか、または、さらに伸ばしていけば良いのかということが判断できるようになります。

売 上		
=	客数 ×	客単価
=	販売個数 ×	製品単価
=	市場規模 ×	自社市場シェア
=	営業スタッフ数 ×	営業スタッフ1人当たり売上
=	店舗数 ×	店舗当たり売上
=	前年度売上 ×	売上成長率
=	前年度売上 +	売上増減
=	国内売上 +	海外売上
=	地域A +	地域B + ………
=	製品A +	製品B + ………
=	部門A +	部門B + ………
=	10代の顧客の売上 +	20代の顧客の売上 + ………

図表10・3 売上の構成要素

例えば、「売上=客数×客単価」については、客数は「既存客+新規客−流出客」に、客単価は「1製品当たり単価×製品点数×購入頻度」にそれぞれさらに分解することができます。つまり、売上を上げるには、客数を増やすのか、客単価を増やすのか、もしくはその両方に取り組むのかに分けて考えることができるということです。客数を増やす場合は、新規客を獲得するのか、それとも流出客を食い止めるのかを考え、客単価を上げる場合は、製品単価を上げるのか、製品点数を増やすのか、それとも購買頻度を上げるのかということを考えていきます。日々の会話の中で、「売上を増やしたい」と漠然と口にすることがありますが、このように売上を構成する要素を細分化してどの要素を強化するのかが明確にできなければ、具体的な施策を実施することはできないでしょう。

売上 ＝ 客数 × 客単価

客数 → 既存客 ＋ 新規客 － 流出客

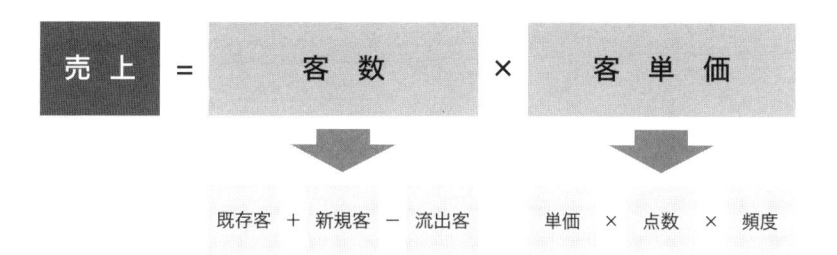

客単価 → 単価 × 点数 × 頻度

図表 10・4　客数と客単価の分解

　なお、ここで解説した売上は、寄付獲得に置き換えて考えることもできます。客は寄付者、製品は寄付メニュー（単発、マンスリー、プロジェクト指定など）、営業スタッフはファンドレイザーにそれぞれ置き換えることで、寄付金を最大化するために必要な指標を把握することができます。

■指標の設定例②：イベント

　次に、NPO の活動に欠かすことのできないイベントを取り上げて解説します。イベントは、NPO が取り組む社会課題の解決に向けた１つのコミュニケーション・ツールとして位置づけられますが、例えばファンドレイジングを目的としたチャリティ・イベントでは、社会課題の存在や団体の活動内容などを伝え、寄付金を獲得することが直接的な成果となります。イベントの指標は、イベントの実施に伴う作業工程を細かくフェーズに分解して設定し、各フェーズごとに適切な数値目標をおきます。具体的には、イベントを、チラシを配布するフェーズ、参加申し込みをするフェーズ、当日参加するフェーズ、そして目標である寄付を獲得するフェーズに時系列で分解し、それぞれのフェーズごとに進捗状況をモニタリングしていきます。図表 10・5 は、ある NPO が実施したチャリティ・イベント（話を単純化するために集客方法はチラシのみとしています）の目標と指標を表したものです。

　この事例では、チラシ配布数：1 万枚、参加申し込み数：120 名（申し込み率：1.2％）、当日の参加人数：100 名（参加率：83％）という指標と獲得する寄付金額：10 万円（寄付単価：1000 円）という目標を設定して

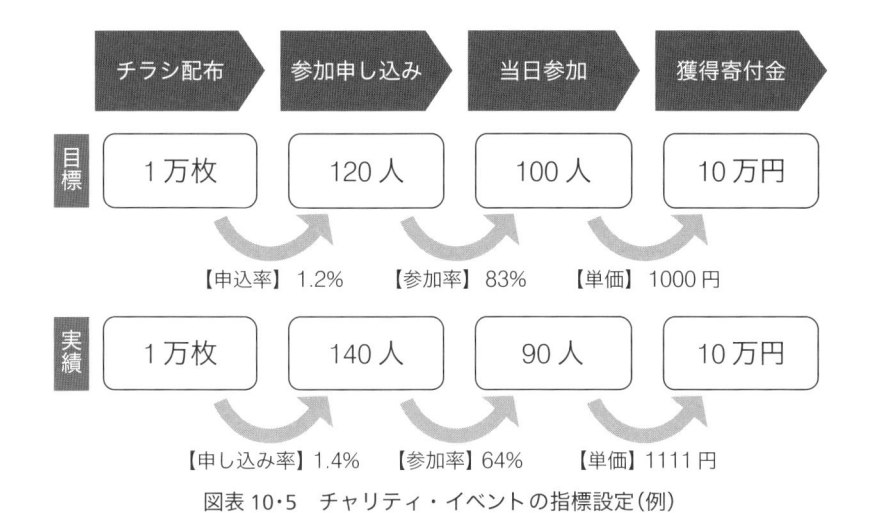

```
目標:  チラシ配布 1万枚 →【申込率】1.2%→ 参加申し込み 120人 →【参加率】83%→ 当日参加 100人 →【単価】1000円→ 獲得寄付金 10万円
実績:  チラシ配布 1万枚 →【申し込み率】1.4%→ 参加申し込み 140人 →【参加率】64%→ 当日参加 90人 →【単価】1111円→ 獲得寄付金 10万円
```

図表10・5　チャリティ・イベントの指標設定（例）

います。これに対して、仮に実績が、チラシの配布完了数：1万枚、申し込み数：140名（申し込み率：1.4%／目標達成率：117%）、参加人数：90名（参加率：64%／目標達成率：90%）、獲得した寄付金額が10万円（寄付単価：1111円／目標達成率：100%）であったとしましょう。

　チラシの配布は計画どおり実行し、申し込みフェーズでは予定を上回る申し込みを得ることができています。その要因としては、イベントのテーマの魅力、チラシの設置場所の工夫やキャッチコピーやデザインなど制作物の魅力など、いくつか考えられるでしょう。しかしながら、イベント当日の参加率は目標を下回っていることから、天候の悪化や参加者の体調不良、他の競合イベントへの流出などが発生したことが可能性として挙げられます。そして、最終的な成果（目標）としての寄付金額は10万円であったことから、参加者数は少なかったものの、1人当たりの寄付単価は増加し、金額ベースでは目標どおりの結果となったということになります。このフェーズでは、団体スタッフがイベント会場内で団体の活動の価値を伝えながら、積極的に寄付の増額をお願いしたことなどが想像できます。

　このようにフェーズを細かく分解して指標を設定することにより、どの

フェーズに問題があるかを素早く発見することができ、リカバリー策も迅速に実施することができます。イベントの回数をこなしていくにつれ、こうしたデータが団体内で蓄積され、より精度の高い指標へと改善されていきます。結果として、イベント実施に必要な経営リソースや獲得できる寄付金額などが逆算して把握できるようになり、年間のイベント計画やファンドレイジング計画も立てやすくなるのです。

2 ｜ マーケティングの評価

　実施したマーケティング施策を評価する際には、施策をインプット、アウトプット、アウトカム、インパクトという4つのフェーズに分解して管理し、それぞれに設定した目標に対する達成度合い（実績）を評価します。

　インプットとは、人員、物品、予算（資金）、施設、時間、情報など、NPOが獲得・保有し、マーケティング施策に投入する経営リソースを指します。施策の実施に伴い、どのくらいの費用が必要で、どのようにその費用を捻出するのかなど、投入する経営リソースの調達量と調達方法を見極めます。投下した経営リソースについては、可能な限り数値で把握するようにします。

　このインプットを基に、設定したターゲットに対して実施したことがアウトプットです。例えば、自然保護のために植林を行った面積、NPO設立支援のために中間支援組織が実施した相談件数、子ども向け自然体験学習プログラムの実施回数などの事業レベルから、それら事業の存在や価値を社会に伝えていくためのイベントや講座の実施回数、集客のためのチラシの配布数といったレベルまで、自団体で実施したマーケティング施策がアウトプットとなります。実施した内容は可能な限り数値で押さえておくようにします。

　さらに、団体によるアウトプットに対してターゲットがどのように反応したかがアウトカム、つまり短期的な"成果"です。例えば、途上国の女

性の自立に向け、織物の技術指導を行い収入を得られるように支援する場合、実際に自立した生活を行えるようになった女性の数や収入金額などがアウトカムとなります。また、寄付獲得を目的としたキャンペーンを実施する場合、獲得した寄付金額や寄付者数、寄付単価などがアウトカムを構成する要素となります。この他にも、イベントや講座を実施した結果、テーマとして取り上げた社会課題の認知率がどのくらい向上したのか、参加者の意識や行動がイベント前後でどのくらい変容したか、チラシの配布により何人の申し込み者があったかなども、実施した活動に対するターゲットの反応、つまりアウトカムと位置づけられます。

最後に、個々のマーケティング施策のアウトカムが、長期にわたり、副次的な効果をもたらしながら、広範囲の地域に波及・浸透していくことで、社会全体としてのソーシャル・インパクトが生み出されます。

インプット(Input)	アウトプット(Output)	アウトカム(Outcome)	インパクト(Impact)
経営リソースの調達	ターゲットに対する施策の実施	施策に対するターゲットの反応	社会的な影響
人、モノ、金、情報、時間など、マーケティング施策に投下した経営リソース	設定したターゲットに対してNPOが実施したマーケティング施策	実施したマーケティング施策に対するターゲットの反応	社会や地域全体に対して与えたソーシャル・インパクト

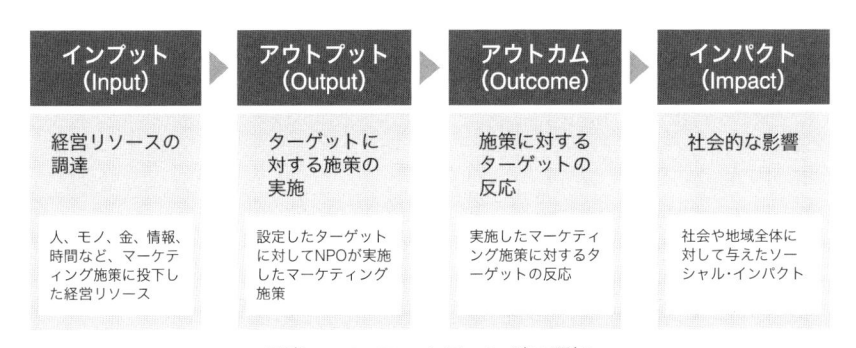

図表10・6　マーケティングの評価

NPOにおいては、これらインプット、アウトプット、アウトカム、インパクトというフェーズごとに、可能な限り数値で目標を設定し、最終的なソーシャル・インパクトの創出に向けて事業が予定どおり進んでいるのかということを検証していきます。特に、アウトプットとアウトカムについては混同しがちですが、NPOが意識しなければならないのはアウトプットではなくアウトカムであり、その先にあるソーシャル・インパクトです。残念ながら大半のNPOが作成する事業報告書などには、実施したイベン

トや講座の数などのアウトプットが記載されているだけで、その結果、ターゲットからどのような反応を引き出すことができたかの記載が抜け落ちています。NPOの価値は、活動することにあるのではなく、成果を出すことにあり、受益者も支援者もその成果に対して対価を支払っているということを忘れてはなりません。

■社会的投資収益率（SROI）による施策の評価

近年注目されている成果指標の1つに、社会的投資収益率（SROI：Social Return on Investment）があります。SROIとは、企業など、特定のステークホルダーに対する経済的なリターンではなく、社会全体に対するリターンであり、創出された社会的価値を金銭的価値に換算して提示するというものです。SROIは、米国の非営利シンクタンクREDFが開発し、イギリスの非営利シンクタンクNEFなどが実用化した社会的価値の評価手法で、日本でも少しずつ導入実績が増えつつあります。

NPO法人育て上げネットと日本マイクロソフト株式会社は、2年間協働で東日本大震災の被災地（者）支援プロジェクト、「東北UPプロジェクト」を実施し、ビズデザイン株式会社による第3者評価を導入しています。

「東北UPプロジェクト」は、復興支援の中でも雇用の課題解決のためICTスキル講習と就労支援プログラムを実施し、被災者の雇用を支援するもので、被災者に対して直接的にICTスキル講習を提供するのではなく、被災地で復興支援に携わる地元NPOを講師として養成するという面もあわせ持ったプロジェクトです。

2012年1月から開始し、約1年間で17名の講師を養成、東北三県など7か所で300回のICT講習を実施し、延べ851名の被災者が講座を修了しています。このうち426名が求職し、30％の目標就労率に対し目標を上回る193名（45.5％）が就職を獲得しました。また、SROIにより評価を実施した結果、プロジェクトの投資額に対する1年間の付加価値は8203万2000円となり、SROIとして4.84倍の効果をもたらしたと算出されています。また、効果額は、講座受講者で8億394万8000円、実施団体（地域NPO）

第10講 マーケティング管理

で163万7000円、受講者一人あたりの効果額は20万5089円となっています。

　貨幣換算化の代替指標としては、社会的改善カウンセリング費用、通常マイクロソフトの提供するIT講習費用、キャリアカウンセリング費用、就職セミナー受講費用、コーチング費用、生産性の向上によって削減できた時間の貨幣価値、OJT費用、営業支援・集客プロモーション費用などが考慮されています。

　SROIは、NPOの事業を金銭的価値に換算して効果を測定するという1つの評価指標に過ぎず、唯一の指標というわけではありません。実際に、SROIを測定するとなると費用がかかるため、全てのNPOが実施できるわけではなく、NPOにおける全ての活動がこうしたSROIという指標に馴染むものではないでしょう。しかしながら、受益者や支援者をはじめとするステークホルダーや社会全体に対して、NPOの事業の価値を目に見えるかたちで定量的に伝える手法の1つとして、こうしたSROIのような指標を積極的に取り入れていくべきでしょう。

3 ｜マーケティング施策の実績管理

　実施するマーケティング施策は、設定した目標どおりにいっているかどうかを日次、週次、月次、4半期、半期、年度などの単位で定常的にモニタリングしていきます。こうした実績の集計作業を簡易化するためにも、施策の企画立案段階で、進捗状況を分かりやすく管理できるフォーマットを作成しておくべきでしょう。売上であれ、寄付獲得であれ、一般的に実績管理フォーマットに盛り込むべき項目としては、以下のようなものが挙げられます。

　①目標数値
　　売上や寄付金額、利用者数や会員数などの目標数値を、日次、週次、月次、4半期、半期、年度などの単位で設定します。細かく設定すれば

するほど、集計は煩雑になりますが、目標達成に向けた具体的なアクションやリカバリー策がタイムリーに実行しやすくなります。

②実績数値

設定した目標数値に対する実績数値。

③達成率

目標数値に対する実績数値を達成率で表します。目標を達成した場合も未達の場合も、その差分が生じた理由についての分析を行います。

④進捗率

月次目標に対する日次実績や年度目標に対する月次実績など、設定した目標数値に対する遅れや進みなどの進捗状況を把握します。目標に対して遅れている場合は、その差分についてのリカバリー策を実施して挽回しなければなりません。

⑤構成比

売上や寄付金額などを構成する要素を地域別、製品別、販売チャネル別などに分解できる場合は、総額に対するそれぞれの構成比率を算出し、時系列で増減を確認します。

⑥前年比、前月比、前週比、前日比など

前年、前月、前週、前日など、直近のトレンドがどのように推移しているかを把握し、時間的な連続性の推移を確認します。

⑦前年同期比

季節要因の影響度合いを把握するために、前年同期（前年同月や同週など）の実績と比較します。例えば、子ども向けに自然体験学習を提供する団体では、平常時に比べて夏休みや冬休み、春休みにはサービス利用者数や売上が増加します。このように、例年、特定の時期に売上が増減する場合は、前月比だけでなく、前年または前々年と比較することにより進捗状況を多面的に確認するようにします。

ここで紹介した項目は基本的なものですので、実施するマーケティング施策の内容によって適切なものを追加する必要があります。図表10・7は、

図表10・7　実績管理フォーマット（例）

			1月	2月	3月	1Q	4月	5月	6月	2Q	上期	7月	8月	9月	3Q	10月	11月	12月	4Q	下期	年度
直販		実績 ［達成率］ ［進捗率］ ［前年比］ ［構成比］																			
		目標																			
	KPI	件数 点数 単価																			
	カタログ通販	実績 ［達成率］ ［進捗率］ ［前年比］ ［構成比］																			
		目標																			
	KPI	件数 点数 単価																			
	一般	実績 ［達成率］ ［進捗率］ ［前年比］ ［構成比］																			
		目標																			
	KPI	件数 点数 単価																			
	会員	実績 ［達成率］ ［進捗率］ ［前年比］ ［構成比］																			
		目標																			
	KPI	件数 点数 単価																			
	ネットショップ	実績 ［達成率］ ［進捗率］ ［前年比］ ［構成比］																			
		目標																			
	KPI	件数 点数 単価																			
	出張販売	実績 ［達成率］ ［進捗率］ ［前年比］ ［構成比］																			
		目標																			
	KPI	件数 点数 単価																			
	イベント	実績 ［達成率］ ［進捗率］ ［前年比］ ［構成比］																			
		目標																			
	KPI	件数 点数 単価																			
買取		実績 ［達成率］ ［進捗率］ ［前年比］ ［構成比］																			
		目標																			
	KPI	件数 点数 単価																			
委託		実績 ［達成率］ ［進捗率］ ［前年比］ ［構成比］																			
		目標																			
	KPI	件数 点数 単価																			
合計		実績 ［達成率］ ［進捗率］ ［前年比］ ［構成比］																			
		目標																			
	KPI	件数 点数 単価																			

ある製品を直販、買取、委託の３つのルートで販売した場合の実績管理フォーマットの例です。ここでは、月次、４半期、半期、年度で実績及び進捗状況を管理しています。また、販売件数、製品数、平均単価を指標として設定していますが、必要に応じて、売上を構成する他の要素を追加するとよいでしょう。繰り返しになりますが、こうしたフォーマットは、施策の企画立案段階で作成しておくべきものです。つまり、実施しようとしている施策のどの点を、どのように、どのような時間軸で評価していくのかが施策の企画立案段階で意識されていなければならないということです。取りあえず走り出して、後から考えるということのないようにしましょう。

4 | マーケティング計画

マーケティング施策の具体的な目標や指標を設定したら、施策実行の具体的なスケジュール、人員体制、予算について決定していきます。

1 実施スケジュール

マーケティング施策をどのようなスケジュールで実施し、目標を達成していくかについてのロードマップを描きます。実施する内容だけではなく、いつまでに、誰が、何をするのかということを決定し、関係者全員で共有します。

実施スケジュールを策定する際に参考となるのが、将来を予測する際の「フォアキャスティング」と「バックキャスティング」という考え方です。前者は、現状や過去の実績、統計データなどに基づいて演繹的に将来を予測する方法です。後者は、目標となる社会の姿を想定し、そこから現在に立ち戻って今何をするべきかを考える方法で、地球温暖化など、環境問題の解決策を検討する際に使用されています。特に課題解決型NPOでは、このバックキャスティングという考え方を採用して、実施するマーケティング施策、目標、及び実施スケジュールをセットで策定するべきでしょう。

取り組む社会課題をゼロにするために、今ある課題（状況）に対して、どのくらいの期間（時間）をかけて、どの程度まで改善・解決していくのかを逆算してスケジュールを立てていきます。一旦施策を実施した後は、月次、4半期、半期、年度などの単位で実績の振り返りを行い、当初計画との差分に対するリカバリー策を講じていくとともに、必要に応じて抜本的なスケジュールの見直しも行っていきます。

なお、実施スケジュールの作成にあたっては、人員や工程を管理する「ガントチャート」と呼ばれるフォーマットを作成して管理すると、個々の業務の開始・終了時期、作業の流れ、進捗状況などが可視化され、全体の進み具合が把握しやすくなります。

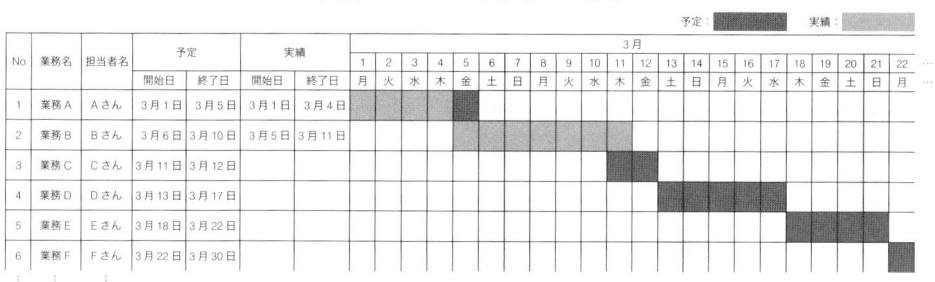

図表10・8　ガントチャート（例）

No	業務名	担当者名	予定 開始日	予定 終了日	実績 開始日	実績 終了日	3月 1 月	2 火	3 水	4 木	5 金	6 土	7 日	8 月	9 火	10 水	11 木	12 金	13 土	14 日	15 月	16 火	17 水	18 木	19 金	20 土	21 日	22 月	…
1	業務A	Aさん	3月1日	3月5日	3月1日	3月4日																							
2	業務B	Bさん	3月6日	3月10日	3月5日	3月11日																							
3	業務C	Cさん	3月11日	3月12日																									
4	業務D	Dさん	3月13日	3月17日																									
5	業務E	Eさん	3月18日	3月22日																									
6	業務F	Fさん	3月22日	3月30日																									

2 人員体制

マーケティング施策の実施には、当然ですが、それに携わる人員が必要です。各施策における具体的な業務内容を分解し、それぞれの業務に必要なスキルや専門性、必要な人数を洗い出していきます。そして、団体スタッフや理事などの直接的な団体関係者から、ボランティアやプロボノ、インターンといった支援者まで広げて、適材適所、担当業務を割り当てていきます。

団体スタッフについては、定期的にスキルや専門性の棚卸をし、人材育成の観点から、適切なジョブ・ローテーションを考慮に入れて業務配置を

行います。また、ボランティアについても、採用時に申告してもらった保有スキルや専門性と実際のそれとの差を踏まえ、業務を依頼します。

③ 予算

マーケティングの実施に対する投資額を決定します。その前提にあるのが目標の達成です。設定した目標を達成するためにいくら必要なのかという考え方がベースとなります。また、事業収入の拡大やファンドレイジングを行う場合には、投下した費用に対して収入が上回るようなマーケティング施策になっているのかという投資収益率（ROI：Return on Investment）や損益分岐点（Break-even Point）を踏まえたシュミレーションが必要です。

予算決めを行う際には、マーケティング施策にかかる費用を分解し、各費用に対して、支援者からの人的支援や物的支援を充当できないかを検討していきます。このためにもNPOは、支援者データベース内に、誰から、どのような支援が得られるのかという情報を整理して保有しておくべきでしょう。また、常日頃から、支援を得られるような関係性を構築しておかなければならないのは言うまでもありません。

第 11 講
マーケティング実行・改善

　策定したマーケティング施策は、計画・実行・評価・改善という PDCA（Plan‐Do‐Check‐Action）サイクルを回しながら、常に見直しを行い、より効率的・効果的なものへと改善していかなければなりません。

1 ｜ PDCA サイクルの重要性

　NPO セクターにおいては、Plan の段階で実態やニーズを正確に把握しないまま Do をしてしまい、事業が継続できないというケースや、Do の後の Check、つまり振り返りを行わないケースが散見されます。特に、後者については、設定した目標に対してうまくいっても、うまくいかなくとも、目標に対する差分が生じた理由を団体内で明らかにしなければなりません。うまくいったからといって分析をしなくてよいわけではなく、成功の要因

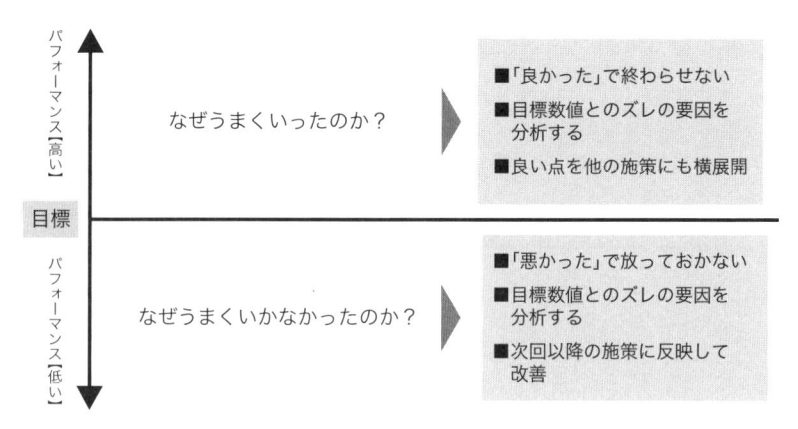

```
パフォーマンス〔高い〕 ↑
　　　　なぜうまくいったのか？ ▶  ■「良かった」で終わらせない
　　　　　　　　　　　　　　　　　■目標数値とのズレの要因を分析する
　　　　　　　　　　　　　　　　　■良い点を他の施策にも横展開
目標 ─────────────────────────────
　　　　なぜうまくいかなかったのか？ ▶ ■「悪かった」で放っておかない
　　　　　　　　　　　　　　　　　■目標数値とのズレの要因を分析する
　　　　　　　　　　　　　　　　　■次回以降の施策に反映して改善
パフォーマンス〔低い〕 ↓
```

図表 11・1　実施したマーケティング施策の振り返り

を見極め、既存の他の施策へ横展開したり、今後の施策に応用していきます。また、うまくいかなかった場合もその要因を見極め、目標必達に向けたリカバリー策を速やかに実施しなければなりません。

2 | 事例：エイズ孤児支援 NGO・PLAS「個人寄付の拡大」

　マーケティングの実践事例として、NPO 法人エイズ孤児支援 NGO・PLAS が 2012 年に実施した個人寄付の獲得に向けた事例を紹介します。同団体は 2005 年に設立されており、現在、ウガンダ共和国、ケニア共和国の 2 ヶ国で、エイズ孤児の教育支援活動やエイズ啓発、母子感染予防など、エイズ孤児が直面する問題の改善に取り組んでいます（第 2 回「日経ソーシャルイニシアチブ大賞」のファイナリストに選出）。

　PLAS では、活動をさらに拡大するためにどのように資金獲得を行っていくかという課題を抱えていましたが、少額ながら安定した収入を見込める寄付収入が年々着実に伸長している点に着目しました。寄付収入の中でも特に、クレジットカード決済により、毎月定額の寄付金を個人の支援者から継続的に獲得することができる「マンスリーサポーター」を強化することにしました。

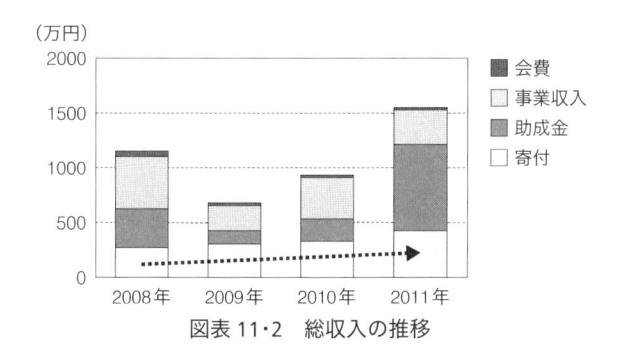

図表 11・2　総収入の推移

① 環境分析

　PLAS では、まず、マンスリーサポーターを含む、寄付獲得までの流れを

```
ステップ①  ステップ②  ステップ③  ステップ④
  HP訪問   ボランティア  単発寄付   高額
          メルマガ    マンスリー   マンスリー
          イベント
          など
    ↑        ↑        ↑        ↑
   ネット検索、ソーシャルメディア、広告など
```

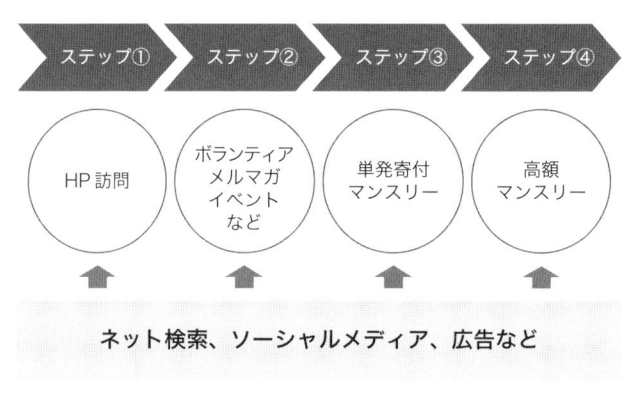

図表11・3　寄付獲得までの流れ

あらためて分析することから開始しました。分析の結果、マンスリーサポーターの多くが以下のようなステップを経てサポーター登録を行っていることが分かりました。

　ステップ①は、潜在的なサポーターが、インターネットの検索結果や団体が運営するソーシャルメディアなどを経由して、団体HPを訪問するフェーズです。特に同団体では、プロボノの協力を得ながらTwitterやFacebookを活用した情報発信やキャンペーンを積極的に行っており、結果として、20代の若者を中心に団体HPへのアクセスを獲得してきました。

　ステップ②は、団体HPを訪れた人が情報に接する中で、ボランティアとして関わってくれたり、メールマガジンに登録してくれたり、イベントに参加してくれるようになるフェーズです。このフェーズは、単に団体HPを訪れてくれているだけでなく、もう一歩進んで、団体との接点を持つ戦略的に重要なフェーズといえます。

　ステップ③は、団体との接点の中から、さらに踏み込んで単発の寄付を行ったり、マンスリーサポーターに登録するフェーズです。支援を必要としている理由を明確に伝えながら、まずは、負担のない範囲での金銭的支援を獲得する活動を行っています。

　そしてステップ④が、既存のマンスリーサポーターに対して、月額支援

金額を増額してもらうように働きかけるフェーズです。このフェーズでは、既に団体の活動内容に対しては共感が得られているため、既存の支援者をしっかりと囲い込みながら、さらにきめ細かなパーソナルなコミュニケーション（お礼や報告など）により、高額支援へと導くようにしています。

　PLASでは、潜在的な支援者がマンスリーサポーターへと登録していくまでの道のりをこれらの4つのステップに分解して現状を整理することで、それぞれのステップで具体的にどのようなマーケティング施策を講じていけば良いのか見極められるようになりました。

2 ターゲット設定

　マンスリーサポーターの獲得を強化するにあたり、既存の支援者の分析結果から、「20〜30代の男女有職者」をターゲットとして設定することにしました。その理由は、①PLASの既存の個人寄付者は20〜30歳代が大半（78％）を占めること、②活動期間が10年にも満たないPLASと比べ、老舗の国際協力NGOではメインの支援者層が50歳代以上であるため競合になりづらいこと、③調査結果によると、20〜30歳代の寄付意向が他の年代よりも高いこと、④有職者の方が無職者よりも可処分所得が多いことの4点です。

3 マーケティング施策の実施

　前述の環境分析での結果を踏まえ、各ステップごとに問題点を抽出し、マーケティング施策を実施しました。本書では、その中でもステップ②とステップ③の強化に向けて実施した施策について解説します。

■ステップ②の強化施策—メールマガジンとイベントの改善—

　ステップ②においては、特にメールマガジンの見直しとイベントの拡充を行いました。

＜メールマガジンの見直し＞

　潜在的な支援者層であるメールマガジン購読者を拡大するために購読者

獲得キャンペーンを実施し、メールマガジンを購読していない既存支援者に一斉メールを配信したり、ソーシャルメディアでの告知を行ったりしました。さらに、団体 HP でのメールマガジン登録方法を簡易化するため、トップページからメールアドレスのみで申し込み可能にするとともに、イベント申し込み時の入力フォーム内でもメールマガジンへの登録を同時に行うように変更しました。

　また、メールマガジンへの登録を強化するだけでなく、配信するメールマガジン自体の開封率を改善するために、従来のテキスト形式と HTML 形

〈申し込みフォームの簡素化〉　　〈イベント参加者の誘導〉

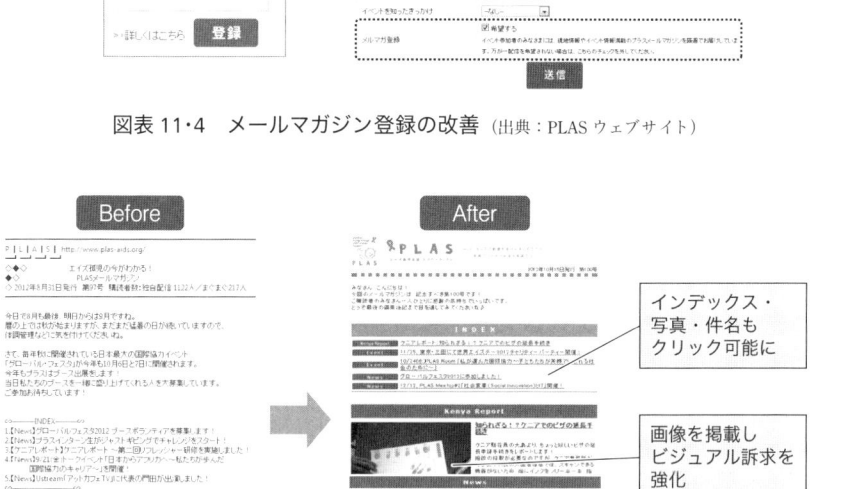

図表 11・4　メールマガジン登録の改善（出典：PLAS ウェブサイト）

図表 11・5　メールマガジンのリニューアル

式の「ABテスト」(異なる2パターンを用意してターゲットの反応を比較し、効果の高いものを採用する手法)を実施しました。テストの結果、開封率には大きな違いがなかったものの、記事のクリック数はHTML形式の方が1.4倍の効果があったため、HTML形式へ変更することにしました。HTMLメールでは、最大のメリットである、現地の活動の様子が分かる画像を掲載したり、目次をPCのファーストビュー(WEBページを開いてスクロールしなくても表示される範囲)に表示されるように配置し、クリックするとすぐに詳細WEBページに遷移できるようにしたり、編集後記を追加してパーソナル感を醸成するなど、開封率やクリック率が高まるような工夫を行っています。

＜イベントの拡充＞

　マンスリーサポーター入会のきっかけの49％を占めるイベントについては、他団体の調査やポジショニングを行った結果、寄付につながりやすいセミナー型のイベントを追加する余地があることが明らかになりました。従来のイベントは、交流会、パーティー、定例イベント、トークイベント

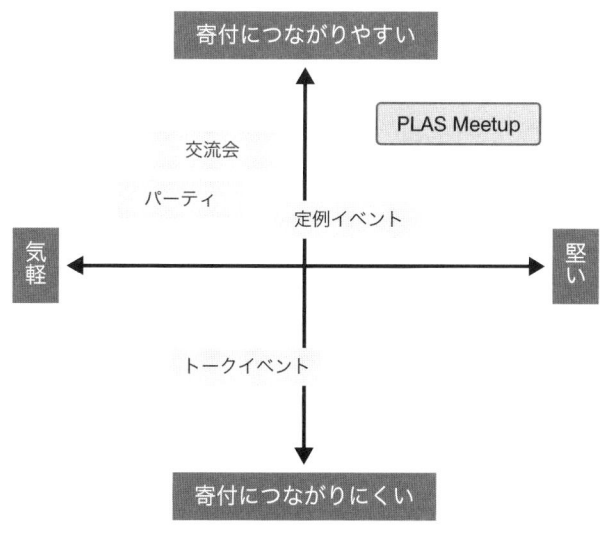

図表11·6　イベントのポジショニング

項目	概要
イベント形態	➢ セミナー型イベント「PLAS Meetup」 ➢ 定員：50～100名 ➢ 年間3～4回の開催
ターゲット	➢ 社会人、ビジネスパーソンなど20～30代の有職者
テーマ	➢ ソーシャルメディア、マーケティング、社会起業、NGO／NPOと企業のパラレルキャリア、BOPビジネスなど
広報戦略	➢ 開催2ヶ月前から告知を開始 ➢ 団体HPの告知ページ改訂
寄付の獲得	➢ 学生インターンがイベント会場で寄付を呼びかけ ➢ イベント開催後に参加者へ個別フォロー

図表11・7　セミナー型イベント「PLAS Meetup」

というバリエーションで展開していましたが、比較的気軽に参加できる形態のものが多かったため、活動地アフリカの現状やPLASの活動内容をより深く知ってもらえる堅めのイベント「PLAS Meetup」を追加することにしました。

　また、当日のイベント会場では、学生インターンを中心に、寄付を呼び掛けたり、開催後の参加者へのフォローなどを行っていくことにしました。

　また、イベントの強化においては、些細なことではありますが、告知期間についても見直しを行いました。従来は比較的直前に告知をしていましたが、イベント参加者のスケジュールを早めに押さえるために、2ヶ月前での告知を目標として設定しました。

■ステップ③の強化施策　―サービスの改善―

　ステップ③への対策として、マンスリーサポーターを含む、寄付者に提供しているサービスの改善を行いました。

　従来は、単発寄付者であれ、高額寄付者であれ、マンスリーサポーターであれ、活動報告の方法や頻度がいずれも同じでしたが、高額、かつ継続して金銭支援をしていただいている支援者にはお礼や報告のバリエーションを増やし、頻度も高め、ひと手間かけたサービスへと見直しを行いました。

図表11・8　提供サービスの見直し

	メルマガ	お礼メール	お礼状	イベント招待	イベント参加時のお礼	電話	機関紙	現地からの手紙
年1万円以下	●	●						
年1万円以上	●	●	●	●	●	●	●注1	
中〜高額	●	●	●	●	●	●	●注2	●

注1：1回
　2：2回

4 マーケティング施策の結果と更なる改善

　前述のようなマーケティング施策を実施した結果、各施策に対して以下のような反応を得ました。

＜メールマガジンの見直し＞

　施策実施後の2012年8月〜11月の期間で、新規購読者を215名獲得しました（1033名→1248名）。月平均の新規購読者数は、施策実施前の29名（2012年1月〜7月）から実施後は約50名となり、1.7倍の新規購読者の獲得に繋がっています。特に、購読キャンペーン実施期間（8月〜9月）の平均購読者数は68名で、キャンペーンというかたちで盛り上げながら潜在的な支援者に働きかける手段の有効性も確認することができました。

　この結果を踏まえ、ABテストを継続的に実施しながら開封率の高いタイトル（件名）の傾向を分析していくこと、メールマガジンの記事のクリック率を高めるようなレイアウトやデザイン、リンクの設置方法を研究すること、そして、既存支援者のメールマガジン登録率改善に向けた訴求方法の検討などを課題として認識し、更なる改善に向けた取り組みを行っています。

＜イベントの拡充＞

　イベントの拡充施策であるセミナー型イベントについては、新規に「社会変革とソーシャルメディア」と題する「PLAS Meetup」を実施し、図表11・9のような結果を得ました。ここでは、その前後に実施した従来型のトークイベントとの比較を含めて紹介しています。

まず、2ヶ月前での告知開始については目標を達成しました。申し込み数については、「PLAS Meetup」に対するターゲットの高い関心を得ることができ、前後の従来型イベントに比べても、また、施策実施前（2011年2月～8月）のイベント全体の平均（74％）と比べても高い申し込み率となりました。一方、当日、イベント会場に足を運んでくれた参加者数は、前後の従来型イベントと比べて高いものの、団体の目標である参加率80％を下回る結果となりました。

　団体内でこの結果に対する分析を行い、当日のキャンセルを減少させる

図表11・9　イベントの実施結果

PLAS Room（9/21）「日本からアフリカへ～私たちが歩んだ国際協力のキャリア～」

項目		目標	実績	評価（達成率）
集客数	申し込み	40人	41人	103％
	参加	32人	21人	66％
参加費		4万円	2万1000円	53％
寄付		2万2400円	0円	―
告知期間		60日	51日	×

PLAS Meetup #1（9/26）「社会変革 とソーシャルメディア」

項目		目標	実績	評価（達成率）
集客数	申し込み	80人	96人	120％
	参加	64人	47人	73％
参加費		8万円	4万7000円	59％
寄付		2万8000円	0円	―
告知期間		60日	64日	○

PLAS Room（10/24）「私が国際協力を選んだ理由」

項目		目標	実績	評価（達成率）
集客数	申し込み	40人	34人	85％
	参加	32人	20人	63％
参加費		4万円	2万円	50％
寄付		2万2400円	1000円	4％
告知期間		60日	76日	○

工夫が不可欠であることを確認しました。天候など、NPO側ではコントロールできない要素はありますが、例年9月〜10月はNPOをはじめ、一般的にもイベントや地域行事などの"競合"が増えるため、申し込みからイベント当日までの間に参加意欲を高めていくようなコミュニケーション・プランの策定などが必要となるでしょう。

　また、イベント会場で寄付を獲得するという狙いについては、そもそもの参加者数が目標の半数程度に止まったということはありますが、接客フローやマニュアルの整備など、参加者にアプローチを行う学生インターンの育成が不十分であった点を課題として認識し、改善に向けて取り組んでいます。

＜サービスの改善＞
　サービスの改善では、中〜高額者向けの「現地からの手紙」までは実施することができなかったため、現地での体制づくりを含め、スキームの見直しを行っています。

　PLASの事例にみるように、マーケティング施策は一度実施してお終いではなく、常にPDCAを回しながらより良いものへと改善し続けていかなければなりません。そのためにも、目指すべき目標や指標を明確にし、業務フローを細かく分解することによりモニタリング能力を高め、「自分たちが今どこにいるのか？」「自分たちに何が欠けているのか？」ということを常に把握できる状況を構築する必要があります。

　これにより、目標どおりに進捗している場合は、その成功のエッセンスを他のマーケティング施策にも応用し、逆に目標に対して進捗が遅れている場合は、早急にリカバリー策を講じることができるのです。そして、こういった目標達成に向けた一連の業務は、ボランティアを含む団体スタッフ内で共有し、組織全体として仕組み化することで、より強固なものになっていくのです。

column 4

米国における子どもの寄付

　インディアナ大学の女性のフィランソロピー研究所が実施した調査『Women Give 2013』によると、米国では、調査対象となった8歳から19歳の子どもの、実に90%が寄付をしています。

　この調査は、8歳から19歳までの903人の子どもを対象に、2002～2003年と2007～2008年の2年間で実施したものです。調査結果によると、この2年間両方で寄付をした子どもは55%、いずれかの年だけ寄付をしたのは33%、いずれの年も寄付をしなかったのは12%となっています。

　男の子と女の子では寄付の割合はほぼ同じですが、女の子の方がよりボランティアをする傾向にあります。男の子の39%に対し、49%の女の子が少なくとも一度は上記の期間中にボランティアを体験しています。

　家庭の所得別にみると、上記の2年とも寄付をしたのは、高所得家庭（7万2167ドル以上）で61%、中所得家庭（3万7619ドル～7万2167ドル）で56%、低所得家庭（3万7619ドル以下）で44%となっています。一方、いずれかの年だけ寄付をしたのは、高所得家庭が29%、中所得家庭が30%、低所得家庭が43%と逆転し、さらにいずれの年も寄付をしなかったのは高所得家庭で10%、中・低所得家庭ともに14%となっており、高所得家庭の子どもほど寄付をする傾向があります。

　興味深いのが、親が寄付について子どもに話している場合は、そうでない場合よりも20%も寄付をする割合が高くなっているという結果です。この結果は、子どもの性別、年齢、人種、家庭の所得の違いに関係のないもののようです。

　この結果に関連して、本調査では"寄付をする親"をロールモデルとして設定し、その影響度を分析してい

ます。結果としては、親がロールモデルとして存在するだけでは子どもの寄付を促すのには効果的ではなく、寄付をする価値を意識的に子どもに伝えるという行為が重要であることが明らかになっています。

この調査結果から、あらためて、寄付教育の影響力と重要性を窺い知ることができます。「子どもは親の背中を見て育つ」と言いますが、この調査では単に親の背中を見せるだけではなく、子どもとの積極的な対話（＝教育）が重要であることが指摘されています。子どものフィランソロピー精神を育むためには、家庭や学校での教育の中で、きちんと向き合ってその価値や行動について伝える努力が不可欠だということです。

日本では、NPO法人日本ファンドレイジング協会が小・中・高等学校向けに「寄付の教室」を開催しています。その狙いは、「寄付を通して生徒が社会参加に目を向けるようになること」で、2010年の開始から4年間で、72教室2300名以上の子どもたちに対してプログラムを実施しています（2014年7月現在）。プログラムの内容は、個人・グループによるワークやプレゼンテーション、インタビューを盛り込んだ、寄付の模擬体験やNPOのファンドレイザー体験などで、寄付を身近に感じ、その意味を理解できるような体験型のプログラムとなっています。

寄付文化は、長い年月の中で、日々の実践を経て、習慣化された上で少しずつ形成されていくものです。環境や人権などと同様、子どもの頃からの教育は社会全体にとっても意義のあるものでしょう。

小学校での「寄付の教室」の様子

あとがき

　新卒で入社した会社を辞めたのが、ちょうど入社3年後の1995年3月31日。それから約2年後に、国際公務員を目指し米国大学院に留学しましたが、当初は国際関係論を学ぶ予定でした。1学期目が終わった時にインターンシップを行ったのがNPOでしたが、そこで米国NPOの社会的な価値や機能、そしてNPOで働いている人たちの意識や行動を目の当たりにし、NPOマネジメントに専攻の変更届けを提出するのに時間はかかりませんでした。

　本書は、その当時、自分が漠然と頭に描いていた「NPOにおけるマーケティング」というテーマを1つのカタチにまとめたもので、進むべき方向も定まっていなかった、約20年前の自分自身に対する1つの答えのようなものかもしれません。

　彼を知り己を知れば百戦危うからず。

　中国の兵法書『孫子』にある有名な言葉ですが、分かりやすくいうと、相手を知り、自分のことも知っていれば、百回戦って負けることはないということです。これを現在のNPOセクターに当てはめてみると、自分たちの活動の対象である受益者や支援者、地域や社会のことも、そして自分たち自身のこともきちんと理解できていないため、成果を出せないどころか、活動を継続することさえ危うい状況にあるということではないでしょうか。つまり、社会を変えるためには、まずNPO自身を変えなければならないということです。

　本書は、こうした認識のもと、マーケティングの実践を通じて、NPO自身が意識や行動を変革し、真の社会変革の担い手として自律・自立するき

っかけとなることを目的に執筆しました。マーケティングに馴染みのない方にも理解しやすいように、マーケティングの全体像を示すことに焦点を当てながら、すべてのNPOが身に付けるべき基本的なマーケティングの考え方や実務について解説しています。

マーケティングの定義や解釈は人によって異なりますが、本書でご覧いただいたとおり、企業だけの、企業にしかできない特別なものではなく、NPOも実践しなければならない"当たり前"のことが大半です。そのエッセンスは、組織の内外を知り、ターゲットを見極め、明確な目標を設定して日々活動し、ゴールに到達するまで改善サイクルを回し続けるということです。

マーケティングに終わりはありません。

もし終わりがあるとすれば、それはNPOが社会の課題を解決したときでしょう。本書をご覧の皆さんと共に、1日も早くその日を迎えたいと思います。

なお、本書はあくまでNPOにおける基本的なマーケティングの考え方や実務の全体像をご紹介したに過ぎません。マーケティングが関わる領域は非常に広く、リサーチ、企画力、プレゼンテーション力、交渉術、デザイン、広告、プロモーション、営業、在庫管理、需要予測、データ分析、インターネット、データベース、顧客管理など多岐にわたります。本書をきっかけに、是非、こういった専門領域についても関心を深め、必要な知識やノウハウを習得していただければ幸いです。

最後になりましたが、本書の執筆の機会をくださった学芸出版社の岩崎健一郎さん、事例として紹介することを快諾いただいたNPO・NGOの皆さんにこの場を借りて心よりお礼申し上げます。

2014年6月　長浜洋二

NPOマーケティングで社会を変える！『草莽塾』

■草莽塾の目的
　マーケティングの実践はNPOの組織運営そのものであり、社会から求められる成果を出すために不可欠なものです。草莽塾では、理論と実践をバランスよく取り入れながら、複数のNPOが共に学ぶことでノウハウや意識を高め合い、NPOが自らの力でマーケティング戦略を策定・実行できるようになることを目的とします。

■草莽塾の実施内容
　草莽塾は、約半年間の複数のNPOによる集合型の研修プログラムです。マーケティングの基本的な理論を習得した上で、自団体の経営課題解決に向けたマーケティング施策の企画立案から実施・改善まで、PDCAサイクルを回します。
　「基本編」では、講義とグループワーク、プレゼンテーション、毎回の宿題提出と講師のフィードバックにより、マーケティングの基本を習得します。「実践編」では、講師の個別コンサルティングを受けながら、策定したマーケティング施策を実際に実践し、最終報告会で実績報告と改善ポイントを発表します。

■草莽塾の特徴
・理論だけでなく、実際に自団体で抱える課題の解決策を企画立案・実践し、改善ポイントまで導き出す。
・講師が団体ごとに個別にフィードバックやコンサルティングを行うため、実際に何をすればよいのかが明確になる。
・企業とNPOの両方のマーケティング実務に精通した講師からハンズオンによる指導を受けられる。
・事業の立ち上げから、WEBサイト、チラシ、イベント等の具体的な戦略ツールの作成まで一気通貫で習得できる。
・複数の団体が参加することにより、他分野のマーケティング・ノウハウを学んだり、協業に繋げることができる。
・普段は疎かになりがちな団体の方向性や組織戦略の見直しなど、団体内の合意形成を行う場として活用できる。

草莽塾の参加団体と取り組み内容

2013年度参加団体（東京・福岡）	
NPO法人DNA	DNAの組織・事業変革へのチャレンジとリブランディング
NPO法人よかっぺいばらき	地域でのどぶ板宣伝を中心とした活動による協力者・知名度マシマシ計画
Social Marketing Japan	サービスの第2ステージに向けた基盤づくり：組織とミッションの再構築
NPO法人かものはしプロジェクト	安定的財源確保に向けたサポーター会員の拡大について
セカンドハーベスト・ジャパン	個人会員の獲得に向けた取り組み
NPO法人チャリティーサンタ	New! もっと簡単に子どもたちのサンタになる方法
NPO法人ソルト・パヤタス	既存会員のサービスの向上と新規会員獲得に向けて
NPO法人アカツキ	中間支援組織としての事業体質強化対策
NPO法人ドネルモ	コミュニティ・デザインの分野における寄付文化の創造
NPO法人Teach For Japan	支援者拡大と資金調達強化に向けた取り組み
NPO法人ワークinならや わくワーク館	わくワーク館の収入UPに向けた販路拡大アプローチ
NPO法人子どもの村福岡	支援拡大に向けた取り組みについて
2012年度参加団体（東京）	
NPO法人エイズ孤児支援NGO・PLAS	個人寄付の拡大：個人寄付のプロモーション強化と法人会員の整備
一般財団法人アライアンス・フォーラム財団	強みを活かす！：バングラデシュにおける企業視察ツアーの拡大
認定NPO法人国境なき子どもたち	心を動かすパンフレット検証：資料請求＆寄付掘り起し大作戦
認定NPO法人難民支援協会	難民を「伝える」：難民支援コミュニティの拡大に向けた取り組み
NPO法人育て上げネット	地域に寄付文化を創造する：地域活動を寄付に変える取り組み
一般社団法人SoLaBo	本業を通じたCSRの作り方：稼げるソーシャル活動を目指す

NPOマーケティングで社会を変える！『草莽塾』
【塾長】長浜洋二

NPOマーケティング研究所：http://www.npomarketing.org/
草莽塾 Twitter　：@Somojuku
草莽塾 Facebook：scmojuku

長浜洋二（ながはま ようじ）

NPOマーケティング研究所代表。NPOマーケティングで社会を変える！『草莽塾』塾長。米国ピッツバーグ大学公共経営学修士。山口県出身。日本全国でNPOのマーケティングやファンドレイジングに関する講演や研修、コンサルティング、執筆などを行う。
ブログ：『飛耳長目：アメリカにみるNPO戦略のヒント』

NPOのためのマーケティング講座

2014年10月1日　第1版第1刷発行

著　者 ……… 長浜洋二
発行者 ……… 京極迪宏
発行所 ……… 株式会社 学芸出版社
　　　　　　 〒600-8216
　　　　　　 京都市下京区木津屋橋通西洞院東入
　　　　　　 電話 075-343-0811
　　　　　　 http://www.gakugei-pub.jp/
　　　　　　 E-mail info@gakugei-pub.jp

装　丁 ……… KOTO DESIGN Inc. 山本剛史
印　刷 ……… イチダ写真製版
製　本 ……… 山崎紙工

Ⓒ Yoji Nagahama 2014
ISBN978-4-7615-2576-7　　　　　　　　　　　Printed in Japan

JCOPY 〈㈳出版者著作権管理機構委託出版物〉
本書の無断複写（電子化を含む）は著作権法上での例外を除き禁じられています。複写される場合は、そのつど事前に、㈳出版者著作権管理機構（電話 03-3513-6969、FAX 03-3513-6979、e-mail: info@jcopy.or.jp）の許諾を得てください。
また本書を代行業者等の第三者に依頼してスキャンやデジタル化することは、たとえ個人や家庭内での利用でも著作権法違反です。

好評発売中

NPOのためのIT活用講座
効果が上がる情報発信術

久米信行・山田泰久 著
四六判・224頁・定価 本体1800円+税

「お金が足りない」「忙しい」「どんな情報を発信していいかわからない」…そんなアナタに、無駄な手間とコストをかけず、個人・団体としての活用を使い分け、広報、資金調達、マーケティング、キーパーソンとのネットワーキングなど、NPOの業務に劇的な効果をもたらす方法を、二人の達人が豊富な事例をもとにお伝えします。

リノベーションまちづくり
不動産事業でまちを再生する方法

清水義次 著
A5判・208頁・定価 本体2500円+税

空室が多く家賃の下がった衰退市街地の不動産を最小限の投資で蘇らせ、意欲ある事業者を集めてまちを再生する「現代版家守」（公民連携による自立型まちづくり会社）による取組が各地で始まっている。この動きをリードする著者が、従来の補助金頼みの活性化ではない、経営の視点からのエリア再生の全貌を初めて明らかにする。

タウンマネージャー
「まちの経営」を支える人と仕事

石原武政 編著
四六判・236頁・定価 本体2200円+税

中心市街地を一つのショッピングセンターのように「経営」するタウンマネージャーが注目を集めている。イベント、開業支援やハード事業など方法は様々だが、共通するのは「補助金とボランティア頼み」から「自立する」まちづくりへの転換だ。仕事の実際からその能力の活かし方まで、各地で活躍する9人の実践から明らかにする。

コミュニティデザイン
人がつながるしくみをつくる

山崎亮 著
四六判・256頁・定価 本体1800円+税

当初は公園など公共空間のデザインに関わっていた著者が、新しくモノを作るよりも「使われ方」を考えることの大切さに気づき、使う人達のつながり＝コミュニティのデザインを切り拓き始めた。公園で、デパートで、離島地域で、全国を駆け巡り社会の課題を解決する、しくみづくりの達人が、その仕事の全貌を初めて書き下ろす。

ワークショップ
住民主体のまちづくりへの方法論

木下勇 著
A5判・240頁・定価 本体2400円+税

ワークショップが日本に普及して四半世紀。だが、まちづくりの現場では、合意形成の方法と誤解され、住民参加の免罪符として悪用されるなど混乱や批判を招いている。世田谷など各地で名ファシリテーターとして活躍する著者が、個人や集団の創造力を引き出すワークショップの本質を理解し、正しく使う為の考え方、方法を説く。

ドイツ 人が主役のまちづくり
ボランティア大国を支える市民活動

松田雅央 著
A5判・200頁・定価 本体2200円+税

ドイツのまちづくりに欠かせない市民協会は、日本のNPOにあたり、地方自治を育てる学校とも評される。環境保全、ゴミ収集、保育園運営など様々な社会サービスを支えているのが市民協会のボランティアたち。ユニバーサルデザインが息づき、トランジットモールで賑わいを呼ぶ、そんな暮らしやすい魅力的なまちはいかにつくられるのか。まちづくりを牽引する市民活動の意義や魅力に迫る。

建築・まちづくりの情報発信
ホームページもご覧ください

✎ WEB GAKUGEI
www.gakugei-pub.jp/

学芸出版社 ― Gakugei Shuppansha

- 📄 図書目録
- 📄 セミナー情報
- 📄 著者インタビュー
- 📄 電子書籍
- 📄 おすすめの1冊
- 📄 メルマガ申込(新刊&イベント案内)
- 📄 Twitter
- 📄 編集者ブログ
- 📄 連載記事など